博物馆
儿童教育案例解析

孟玲

著

辽宁人民出版社

图书在版编目（CIP）数据

博物馆儿童教育案例解析 / 孟玲著 . —沈阳：辽宁
人民出版社，2023.5
　　ISBN 978-7-205-10756-7

　　Ⅰ . ①博… Ⅱ . ①孟… Ⅲ . ①博物馆—儿童教育—社
会教育—研究 Ⅳ . ① G266 ② G61

中国国家版本馆 CIP 数据核字（2023）第 077211 号

出版发行：辽宁人民出版社
　　　　　地址：沈阳市和平区十一纬路 25 号　邮编：110003
　　　　　电话：024-23284321（邮　购）　024-23284324（发行部）
　　　　　传真：024-23284191（发行部）　024-23284304（办公室）
　　　　　http://www.lnpph.com.cn
印　　刷：辽宁新华印务有限公司
幅面尺寸：145mm×210mm
印　　张：7.25
字　　数：165 千字
出版时间：2023 年 5 月第 1 版
印刷时间：2023 年 5 月第 1 次印刷
责任编辑：阎伟萍　孙　雯
装帧设计：留白文化
责任校对：郑　佳
书　　号：ISBN 978-7-205-10756-7

定　　价：58.00 元

前言

　　博物馆对儿童成长的价值不言而喻，在强调终身学习、自主学习、探究性学习的今天，在博物馆的社会责任和教育职能被空前重视的今天，在学校和家长迫切寻找社会教育实践场馆、将殷切目光投向博物馆的今天，讨论博物馆儿童教育的建设性问题具有重要的意义。诚然，国家博物馆、故宫博物院、首都博物馆、上海博物馆、广东省博物馆等先行者们通过扎实研究、大胆探索，已经在博物馆儿童教育理论研究和工作实践中取得重要突破和成功经验，在社会中产生强烈的反响，为博物馆儿童教育工作赢得了许多赞誉。但从全局来看，我国大多数基层博物馆的儿童教育工作才刚刚起步，博物馆教育工作者自身对儿童教育工作的认识还有待提高，还有很多的问题亟待解决，很多局面亟待开拓。囿于资源差距，大馆的成功经验未必适合中小博物馆复制拷贝，基层博物馆要探索出一条适合自己发展的博物馆儿童教育之路。

　　笔者以葫芦岛市博物馆儿童教育工作的实践经验，将博物馆儿童教育工作分成解读展览、儿童专属空间、在线教育、馆校合作、博物馆儿童教育的外拓空间五个章节，为基层博物馆的儿童教育工作提出框架，提供一些在正式或非正式环境中策划儿童教育活动时需要了解的基本内容。概述另作一章，阐释了基层博物馆儿童教育工作的概念性问题、开展博物馆儿童教育工作的价值、相关的教育理论和政策依据。本书用 22 个典型案例和实用教案，详细解析案例设计思路、实施细节、背后故事，为此类型教育活动的开展提出策略，帮助读者打破专业界限，打开思路，为解决基层博物馆一线教育工作人员的儿童教育工作实践提供些许指导和帮助。同时，希望站在博物馆儿童教育从业者的角度，为学校和家庭观众解读博物馆儿童教育活动策划的目标、理论和实践过程，将博物馆从传统教育视域下的补充课堂，提升为学校和家庭教育的重要伙伴，成为儿童教育中积极的参与者和重要的倡导者，从而达成我们共同的目标：利用最宝贵的资源，服务最珍贵的未来。

目录

第一章 概述

一、博物馆儿童教育的概念

教育是博物馆公认的三大基本功能之一。随着博物馆社会服务功能的不断完善、博物馆服务对象分众化研究的不断深入，以及人们对儿童学习能力的全新认识，"儿童观众"逐步成为博物馆实施教育功能的重要对象。博物馆以儿童为服务主体，利用博物馆资源，开发、设计、实施适合儿童身心发展的教育活动即博物馆儿童教育。

博物馆儿童教育对于传统的博物馆教育具有跨界意义的挑战，从成人视角到儿童需求，如何有效利用藏品和博物馆资源为儿童提供他们所需要的教育呢？想要满足儿童特有的学习方式和学习需求，从业者可以从儿童博物馆教育的成功经验中获得一些启示。基于美国史密森学会所做的努力，19世纪末出现了一种全新的、致力于满足儿童学习兴趣和学习需求的博物馆——儿童博物馆。自布鲁克林儿童博物馆的开创和波士顿儿童博物馆创新"主动参与和学习"的博物馆教育理念，儿童博物馆在之后的百余年里得到越来越广泛的认可。儿童博物馆是专门为儿童设计的学习体验空间，以娱乐和探索的方式寻求知识，反映了多种多样的社区属性，创造有趣、互动的学习体验。儿童博物馆带给传统博物馆的启示：1.儿童作为特殊的观众，有其独特的学习方式，博物馆要充分认识到儿童观众与成人观众的不同；2. 博物馆教育从业人员需要了解儿童学习的相关理论和成功实践，才能设计出适合儿童观众的活动和体验。

目前，对于博物馆儿童教育服务对象的具体年龄界定尚无统一的标准。编者以为，博物馆服务的儿童观众等同于博物馆各类行政文件中提到的"未成年人"概念，包括幼儿、学前、学龄在内的0—18 岁人群。综合考虑博物馆参观的实际情况、家庭及学校对于博物馆教育资源的需求，现阶段博物馆儿童教育工作是以 3—6 岁的早期教育和 7—14 岁的青少年教育为主要工作内容。

二、博物馆儿童教育工作的价值

回望我国博物馆百年来的发展史，不难发现，我国的博物馆具有鲜明的教育属性。自 1905 年，科举状元张謇创办了我国第一个公共博物馆——南通博物苑，"以为教育后盾，使承学之彦，有所参考，有所实验，得以综合古今，搜讨而言论之"①，其目的就是为了教育兴国。1914 年，张謇在《南通博物苑品目序》中再次重申"设苑为教育也"。博物苑当时服务的重点对象是学生，"设为庠序学校以教，多识草木鸟兽之名"②。"南通各校，凡讲关于动、植、矿物，常由教师率往参观，因之人多称为各校专设之标本室也。"这就生动阐释了博物馆与学校教育的关系，博物馆为学校教育服务，同时也是学校教育的扩展和补充。南通博物苑拉开了中国近代博物

---

① 王宏钧：《中国博物馆学基础》，上海古籍出版社，2001 年，第 81 页。
② 李海章：《张謇传》，中华工商联合出版社，2002 年，第 34 页。

馆的新篇章，更是开启了博物馆服务社会、服务教育、启蒙民众之先河。1936年，河南博物院专门针对儿童观众，在场馆内设立儿童科学馆，可以说是我国博物馆第一个专门为儿童观众实施的教育项目。采购科学仪器向学龄前儿童和小学生进行科普宣传，也是丰富和补充学校教育的不足。百年风云，随着博物馆事业的飞速发展，以及儿童学习领域研究的不断深化，促使博物馆为儿童观众探索更多学习体验，博物馆的社会教育功能越来越被重视。如今，博物馆对自身在发挥启智、教育、引领作用上的潜力有了更为深入的理解，对自己应当承担的社会责任和使命开始深入地探讨，"教育是博物馆最核心的社会作用"这一观念达成共识，博物馆自身的社会角色被重新塑造，也得到了社会的广泛认同。

儿童，是一个国家的未来，承载了人们的希望和梦想。博物馆是收藏、展示、研究人类文明发展历程的社会教育机构，肩负着服务社会、服务公众的使命。21世纪，博物馆向儿童敞开大门，希望他们在物质和非物质文化遗产中窥见更为广阔的天地，从古代人类遗存中，收获智慧和力量。从社会教育层面上来说，博物馆儿童教育工作补充了传统教育并促进了传统教育的革新，实现了博物馆在培养儿童核心素养发展方面的价值。

从博物馆自身发展的角度看待博物馆儿童教育工作，更是不可小觑。2007年，在《国际博物馆协会章程》中，国际博物馆协会对博物馆的定义为"为社会及其发展服务的、向公众开放的非营利常设机构，为教育、研究、欣赏的目的征集、保护、研究、传播并展出人类及人类环境的物质及非物质遗产"，将博物馆的教育功能放在了首位。如今，儿童教育已经成为全社会最为关注的话题，越来越丰富的博物馆儿童教育研究和实践成果，使博物馆在发挥其社会教育功能的同时，也收获了巨大的社会效益。博物馆已经关注到儿童观众的潜力，学校和家庭观众通过儿童教育活动拉近与博物馆的距离，通过各种优质体验与博物馆前所未有地亲近，博物馆只有通过提供高品质的儿童教育服务，实现自身的社会价值，才会被认可、被重视，从而获得更多的社会资源，形成良性循环的发展态势。

三、教育理论

对于博物馆教育人员来说，在实践中经常会遇到一些难以预料的"失控"局面，例如小朋友不听话，老是在展厅里跑来跑去；在课堂上哭着找妈妈；精心设计的课程得不到小朋友的回应，让他们做个小花，他们偏要捏个泥人；小讲解员因为几个字背错了，直接被家长训哭；还有学生拒绝参与活动，直言自己是被父母逼来的，觉得博物馆课程特别没意思……实践告诉我们，仅凭一腔热忱、直觉和既往的学习经验去服务儿童观众是远远不够的，为儿童观众策划活动和引导博物馆学习体验，需要正确认识儿童的身心特点和学习能力。需要投入更多的时间和精力，了解认知理论的专业知识，积累背景知识和经验，才能设计出适合儿童观众的活动和体验。只有深入理解儿童的学习特点，博物馆教育员才能在儿童探索各种物品和艺术品的过程中，满足儿童在身体、认知、情感和社会等方面的需求。

适用于博物馆儿童教育的教育理论家及基本思想

教育理论家	国籍	年龄	基本思想	名言
约翰·杜威	美国	1859—1952	·通过与环境互动来进行体验式学习 ·道德是教育的最高和最终目的 ·通过实践来学习 ·在已有认知基础上建立新的知识 ·通过真实体验来学习	·通过体验本身获取不了知识，只有体验进行反思才能产生新的认识。 ·教育是社会交往的过程；教育即成长；教育不是为未来生活做好准备，生活本身就是教育的过程。
玛丽亚·蒙台梭利	意大利	1870—1952	·与真实世界建立联系 ·感官探索 ·尊重儿童 ·儿童眼中世界的美 ·以儿童为中心的教具	·只要准备一个自由的环境来配合儿童生命的发展阶段，孩子们的精神与秘密便会自发地显现出来了。
维果茨基	苏联	1896—1934	·社会建构主义学习理论 ·通过语言和文化来形成认知 ·根据词语和概念的异同来分类 ·通过游戏来发展抽象思维 ·不断创造新的最近发展区	·判断儿童的心智发展水平或许应该看儿童在他人的支持下能做什么，而不是他们独立能做什么。 ·在游戏过程中，儿童可能会发挥最大的潜能，并以此为起点发展未来生活中的行为并建立道德观。
让·皮亚杰	瑞士	1896—1980	·通过感官体验来学习 ·游戏过程中的象征意义 ·以自我为中心 ·儿童认知发展阶段论 ·双重建构	·儿童只有经历自我建构知识的过程才能实现真正的理解，如果我们想一蹴而就，只会适得其反。 ·儿童早期会以自我为中心，只从自己的角度去看世界，只能认识到自己的行为。

教育理论家	国籍	年龄	基本思想	名言
杰罗姆·布鲁纳	美国	1915—2016	·通过体验来建立认知 ·探索式学习 ·知识在记忆中存储的不同方式 ·强调内在动机 ·"发现学习"	·事先为学习者安排学习的最佳经验。 ·人类的精神生活中最独特的一件事情，是人们会不断地超越所给的信息。 ·给任何特定年龄的儿童教某门学科的任务，就是按照这些儿童观察事物的方式去表现那门学科的结构。
霍华德·加德纳	美国	1943—	·不同的智能优势决定了认知方式和表达方式 ·多元智能	·多元智能理论以心理学为基础，它的形成旨在说明人类具有多种不同的智能优势，这些智能优势对儿童的学习方式以及人们的记忆和表达方式有着至关重要的影响。
陶行知	中国	1891—1946	·生活即教育 ·社会即学校 ·教学做合一	·教育的目的在于解决问题，所以不能解决问题的，不是真教育。
陈鹤琴	中国	1892—1982	·良好的游戏环境是适合儿童心理发展需求的外部环境 ·家庭教育奠定了幼儿的基础 ·集体游戏培养幼儿的社会公共意识 ·以"做"为中心的游戏法	·游戏可以给孩子快乐、经验、学识、思想和健康。 ·游戏就是工作，工作就是游戏，工作和游戏是一回事。

博物馆儿童教育领域当前的教育理念体现了建构主义的学习方法，作为博物馆教育从业人员，为了更好地理解儿童观众，创造出能够吸引儿童参与的有益体验，最重要的是要在掌握教育理论的基础上进行反思、诠释以及独立思考。我们的目标将变得更加清晰，那就是为孩子策划实施有趣、有吸引力、有启发、能够激发情感与创造力的体验。

四、政策依据

相关的政策性文件可以帮助博物馆释读儿童教育工作的时代背景与语境，为博物馆制定儿童教育策略时提供依据。1999 年，中共中央、国务院颁布了《关于深化教育改革全面推进素质教育的决定》，要求各类文化场所向学生免费或优惠开放。2004 年，文化部、国家文物局联合颁布《关于公共文化设施向未成年人等社会群体免费开放的通知》。2008 年，中共中央宣传部、财政部、文化部和国家文物局联合下发的《关于全国博物馆、纪念馆免费开放的通知》，都强调了公共文化设施充分发挥对未成年人的教育引导作用。2015 年，《博物馆条例》明确将博物馆的教育职能放在了首位。2020 年，教育部、国家文物局联合印发《关于利用博物馆资源开展中小学教育教学的意见》，对中小学利用博物馆资源开展教育教学提出明确指导意见，进一步健全博物馆与中小学合作机制，促进博物馆资源融入教育体系，提升中小学生利用博物馆学习效果。

2012 年，教育部颁布了《3—6 岁儿童学习与发展指南》，从健康、语言、社会、科学、艺术五大领域描述幼儿的学习与发展目标，可以帮助博物馆教育从业者了解幼儿学习与发展的基本规律和特点，从而设计出真正适合幼儿的社会教育活动。《中国儿童发展纲要》（2011—2020年）和《全国家庭教育指导大纲》也可为博物馆儿童教育活动策划研究提供重要的参考依据。

2017年，中共中央办公厅、国务院办公厅印发《关于实施中华优秀传统文化传承发展工程的意见》（以下简称《意见》）。2022年，教育部正式颁布了义务教育阶段新修订的课程标准（2022年版），指出：国家课程标准规定课程性质、课程理念、课程目标、课程内容、学业质量和课程实施等，是教材编写、教学、考试评价以及课程实施管理的直接依据。《意见》和新课标为博物馆儿童教育工作提供了目标和方向。

第二章　解读展览

　　陈列展览是博物馆实现社会功能的主要方式之一，是博物馆讲述藏品故事特有的语言，是在一定的空间内，以文物标本为基础，配合适当的辅助展品，按照一定的主题、序列和艺术形式组合成的，进行直观教育、传播文化科学信息和提供审美欣赏的展品集群①。几乎每个博物馆都有一个甚至多个体现本馆性质和内涵的主要陈列，这种陈列由比较稳定的主题、内容、展品和较完美的艺术形式构成并长期展出，通常称之为基本陈列。短期展出习惯上称为临时展览。显然，无论是基本陈列还是临时展览，大部分陈列展览是以成人视角、为成人服务的。

　　我们经常可以观察到一个现象，家长带着孩子兴致勃勃地来到博物馆，匆匆逛了一圈又意兴阑珊地离开了。其背后的主要原因就是孩子读不懂展览。儿童到博物馆参观，第一个障碍就是陌生，展厅又大又暗，玻璃柜子里摆放着我从未见过的、感觉很奇怪的东西。这里的一切跟我有什么关系？我为什么要到这里来？即使亲子家庭也面临巨大的挑战。从哪开始看？怎么看？看不懂怎么办？怎

————————

① 王宏钧：《中国博物馆学基础》，上海古籍出版社，2001年，第246页。

么处理孩子在博物馆里又累又烦的消极情绪？

博物馆为小朋友设计专属的导览手册、儿童展线、讲解词和教育体验活动，是帮助他们读懂展览的有效途径。

案例：儿童导览手册

◎目标：

1. 为独自到访的家庭观众提供儿童参观指南；

2. 让家长和孩子了解博物馆儿童教育服务。

◎活动材料：

纸质印刷品、铅笔

◎领取地点：

服务台

◎服务对象：

儿童及家庭观众

◎内容及形式设计：

为使展览更友好地面向儿童观众，葫芦岛市博物馆精心设计制作了博物馆儿童导览手册。手册是综合性展示葫芦岛市博物馆儿童教育工作的导览读本，由基本陈列导览、儿童活动中心开放安排、儿童体验课程介绍和致家长的一封信等板块组成。旨在为儿童观众服务，向社会公众展示、宣传和推广葫芦岛市博物馆儿童教育工作的创新理念。

在内容上，导览手册围绕着"走进葫芦岛"基本陈列，以展览动线为脉络规划手册框架，选择重点文物设置打卡点，便于儿童观众直接找到展览中的重要展品。同时，导览手册还针对精品文物进行了知识介绍，辅以贴纸游戏和动手画一画版面，让孩子们在动手参与中形成探究意识。

导览手册以游戏互动模式为核心，寓教于乐，将尘封千年的历史化为循循善诱的移动课堂，将精美而陌生的文物转译成触手可及的形象，为基本陈列展览赋予一条可读的路径。手册在形式设计上紧扣展出文物，增加手绘文物形象，在保留文物特点的同时丰富手册的艺术性。引入博物馆卡通形象，吸引儿童走进展览，阅读手册。

◎附：葫芦岛市博物馆儿童导览手册——致家长的一封信

◎参观之前要对家长说的话：

首先，我们得称赞您是个好家长，愿意陪孩子来博物馆的都是好父母。接下来让我们花一分钟来思考，为什么带孩子来到这里呢？千万不要说学习考试什么的，孩子会不喜欢的；也别说什么奇珍异宝、价值连城，孩子不会崇拜博物馆，他们平等地看待每一件文物。博物馆的价值在于它提供无限的可能，孩子们到这里是玩、发现、探索和感受的……家长带孩子来到博物馆，让孩子保持兴趣并得到快乐，比学到了多少知识更为重要。

博物馆有那么多藏品，密集地看下来会审美疲劳，而且很辛苦。如果您还没想好怎么带孩子参观，就请参考我们为孩子们设计的主题路线吧！

博物馆里的美食美器（难易指数★★）

博物馆里看军事（难易指数★★★★）

博物馆是座宝库，有很丰富的题材，只要家长尊重孩子的真实感受，给予孩子信任，遵循孩子认识这个世界的规律，愿意等待他们，你就会发现孩子其实是最懂怎样去看博物馆的。

如果您还想让孩子玩得更开心，就去位于三楼的儿童活动中心体验吧！

◎解析：

儿童导览手册主要是满足家庭观众参观博物馆的导览需求。相对于成人版的导览册页，儿童导览手册是专门为引导小观众参观，激发他们的观展兴趣和主动性而准备的，无论在形式设计和内容设计上都更符合孩子们的审美水平和接受能力。手册的主要内容就是一张寻宝图，家长和孩子们在展厅里可以根据导览手册上标注的位置找到博物馆各时期具有代表性的文物藏品，以寻宝游戏为主要内容的儿童导览手册不但受到孩子们的喜爱，更能有效解决家长不知道怎么带孩子参观博物馆的难题，一起游戏也让参观博物馆变成了充满温情的亲子乐事。儿童导览手册依托亲子互动，借助博物馆平台，以全新视角将馆藏精品文物呈现在孩子与家长们的眼前，通过"寻宝""看宝""学宝"等方式，改变以往儿童参观博物馆的传统模式。由被动转为主动，由"被灌输"转为"主动找"，由"墨守成规"转为"寓教于乐"，真正在兴趣中获取传统文化知识。

导览的重点在于"导"，引导什么和怎么引导是博物馆教育工作者长期探索的问题。经过不断尝试之后，我们发现开放性引导要比具象引导更能提高青少年儿童在活动中的参与热情，比如，在参观博物馆的过程中，为孩子们设计"寻找博物馆里的小动物"的游览主题，那么他们会对这样的抽象概念产生好奇心理："博物馆又不是动物园，这里怎么会有小动物呢？"带着疑问去寻找答案，而不是我们指定出器物上面的具象动物图案，生硬地把"谜底"植入他们的大脑里。

儿童导览手册目的就是让儿童在实践活动中体会到博物馆教育与学校传统教育的不同，同样都是"引导"，博物馆教育以实物性、故事性，在学习过程中不断提高儿童发现问题、解决问题的能力，搜集和处理信息的能力，综合运用知识的能力。

◎策略：

1.儿童导览手册一般是宣传单页或者折页的形式，为迎合儿童的审美要求，尺寸逐步多样化，折页大致为三折、四折和变形折。

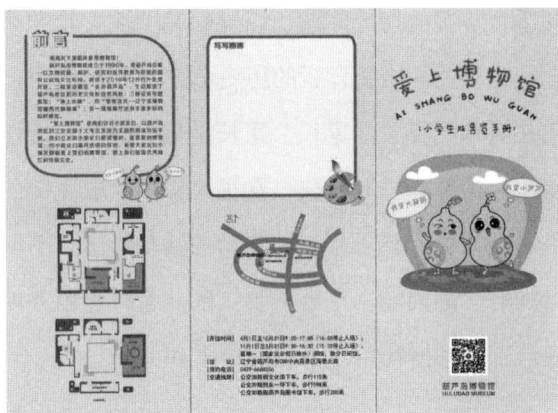

小学生版导览手册正面

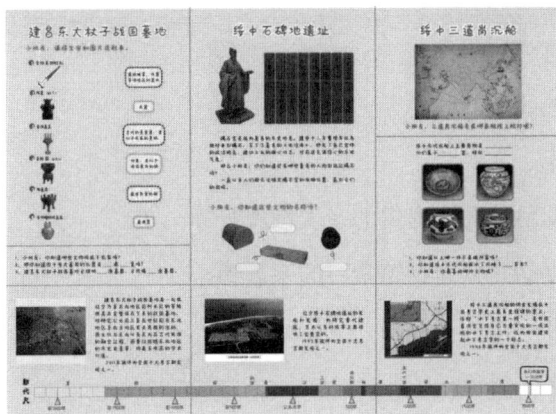

小学生版导览手册背面

让孩子们观展变得轻松快乐，减轻家长为孩子解读展览的压力，孩子和家长共读共玩共学，美好的观展体验将进一步促动孩子对博物馆的喜爱，引发他们探索历史的兴趣以及对大千世界的憧憬。

2.为适应不同年龄段儿童的认知习惯，儿童导览手册设计可以按照年龄分级推出两种版本，分别适用于3—6岁儿童和7—12岁儿童。针对不同年龄段，手册内容设计要有所区别，互动重点各有侧重，设置适合年龄的探究问题，引导幼儿关注文物的艺术形式特点，引导学龄儿童关注文物背后的历史信息和时代精神。

3.关注儿童首先要关注家长。家长是孩子的第一责任人，孩子能否在博物馆玩得开心、有收获，在很大程度上取决于他的家长。儿童导览手册是家长带孩子参观博物馆的活动指南，不但可以帮助家长解决参观的实际问题，了解博物馆的儿童教育服务项目，还能够让家庭观众感受到博物馆对自己的尊重和关怀。

案例：博物馆里的"动物园"

◎活动类别：

儿童展线

◎活动目标：

1.为学龄前儿童提供的亲子参观服务；

2.建立幼儿在博物馆学习的亲近感。

◎活动材料：

任务卡、铅笔

◎活动地点：

　　基本陈列展厅

◎活动时长：

　　30—40 分钟

◎服务对象：

　　4—6 岁儿童及家庭

◎参与方式：

　　1.公众号开放活动预约；

　　2.团队预约

◎活动过程：

　　引导词：嗨！小朋友，你们在参观博物馆时，有没有注意到躲在藏品中的各种小动物啊？它们有的趴在器物上，有的嗷嗷待哺，有的可爱卖萌……简直把博物馆变成了一个充满奇幻的动物世界呢！小朋友，你们能找到这些可爱的小动物吗？快到博物馆来，开启一段在博物馆里寻找"萌宠"之旅吧！

　　完成今天的任务，需要小朋友的耐心和细心，在讲解员的指引和爸爸妈妈的帮助下，咱们共同完成一项特殊而又有趣的任务——寻找博物馆"萌宠"。

　　当然，有的小朋友会问，什么是"萌宠"？"萌宠"这个词是用来形容那些可爱至极的小动物的，这些小动物有的离我们很近，有的只能去动物园里才能看到。其实，在博物馆里，也有一些小动物等待你们去发现，它们虽然安安静静地存放在展柜里，但是每个"萌宠"的背后都会有你们不知道的故事。

　　任务 1：青铜鱼尾鞘

大家快看，这里有一件文物，上面有小动物呢！

讨论交流步骤：

这件文物叫青铜鱼尾鞘，小朋友们说说，它为什么叫这个名字呀？

是的，它是用青铜制作的，造型像个鱼尾巴。

哪个小朋友给大家数数，鱼尾上还有几只小动物呀？

是的，一共5只小动物。这些小动物都是什么呀？

讨论鞘身上和鞘尾上的动物分别是什么。

小结： 小朋友一眼就看出，鞘身上的这四只长耳朵的动物是狼。鞘尾上的动物头向前探着，背部收紧，还有长长的细腿，像不像动物园里的秃鹫呢？秃鹫是鹰科属的大型猛禽，体长108—120厘米。通体黑褐色，头部仅有短的黑褐色绒羽，后颈完全裸出没有羽毛，颈基部有长的黑色或淡褐白色羽簇形成的皱翎，像个大领子。它们主要栖息于低山丘陵和高山荒原与森林中的荒岩草地、山谷溪流和林缘地带，以大型动物的尸体为食，常在开阔而较裸露的山地和平原上空翱翔，窥视动物尸体。有时候，秃鹫飞得很高，不一定能发现地面上的动物尸体，其他食腐动物如豺和鬣狗等的活动就可以为它提供目标。如果发现它们正在撕食尸体，秃鹫会降低飞行高度，作进一步的侦察。假如确实发现了食物，它会迅速降落。这时，周围的秃鹫也会接踵而来，冲向这美味佳肴。这件器物很有可能是草原游牧民族使用，游牧民族一直对草原上的动物赋予很高的精神崇拜。这件青铜鱼尾鞘就生动再现了草原上的豺狼和秃鹫。大家再仔细观察一下，这件器物上的小动物一点儿都不萌，它们都有点儿凶凶的。

任务 2：玛瑙觿（xi，一声，同西）

这件文物可需要小朋友展开想象力来猜猜看了，大家都说说，你们看到了什么？

讨论交流步骤：

在这里要讨论玛瑙觿形器在孩子们看来像什么。答案不唯一，可以是蜗牛、鹿、水蛭、面条鱼，等等。

小结： 这件玛瑙觿呈乳白色，半透明状，真的很像蜗牛这类软体动物，器形修长，曲体尖尾，头部突出一角，专家们认为是抽象的龙形，是一只萌萌的小龙。又因为它的形状似牙，故又称其为冲牙。我们再仔细观察，就会发现这件器物中部钻一穿孔，是穿起来的饰物。

任务 3：青铜蟠螭纹盖壶

小朋友们，这件青铜蟠螭纹盖壶上有两种纹饰，一种是龙纹，一种是蟠螭纹，哪位小朋友来帮大家分辨一下，看看你们猜得对不对。

讨论交流步骤：

是的，站在壶盖上的是龙纹，跟小朋友们在绘本上或者电视上看到的很像吧！咱们仔细观察，这个龙头有点儿像马头，额头凸出还有一个大鼻孔，脑后有浮云形状的大耳朵，嘴巴大张，上唇上卷，下唇下卷，似斧形或鱼尾形。你们看古代的工匠多厉害呀！用细细的线条就把小龙给刻画得栩栩如生。

我们找到了龙纹，那壶身弯弯曲曲扭在一起的就是蟠螭纹。蟠螭是龙属的蛇状神怪之物，是一种没有角的早期龙。

我们再来看看青铜蟠螭纹軎（wèi）辖，这也是蟠螭纹。古人把蟠螭做得虎形龙相，相传是龙与虎的后代，具有龙的威武和虎的勇猛。

小结：小朋友们可要记住龙的形象，因为龙是中华民族的象征，中国人可是太喜欢龙纹了，展厅里还有不一样的龙纹等你们发现呢！刚才有小朋友问我，为什么蟠螭纹长得有点儿不一样呢？其实只要你们仔细观察，就会发现它们不一样的秘密：当蟠螭一个人的时候就虎头虎脑的，还长着长长的龙尾巴；当蟠螭跟朋友们在一起的时候，就变得小小的，密密麻麻挤在一起。

任务 4：青铜盖鼎

请小朋友们悄悄告诉我，这青铜盖鼎上趴着什么小动物呀？

讨论交流步骤：

大家都答对了，这三只小动物是牛。它们卧在鼎盖上，牛首微扬、牛身侧卧、牛尾蜷收，全身遍饰相互交缠的夔纹，贵气十足。咱们选三位小朋友发挥想象，演演三只小牛都说啥呢！（哪位小朋友给大家表演一下，小牛是怎么叫的呀？）

小结：牛与人类生活从远古时期就息息相关，是任劳任怨、踏实肯干的农耕助手，也是温良恭顺、守望互助的亲密伙伴。在我国漫长的农耕时代中，牛有着不可取代的地位，牛的形象和牛的文化深入人心。牛，在古代是一种非常重要的动物，不仅可以耕田，还用作祭祀。这与青铜盖鼎作为祭祀器具不谋而合。

任务 5：陶凤鸟饰件

这个展柜里有一个小动物，谁发现了就举手告诉我！

讨论交流步骤：

小朋友们都说发现了一只泥做的大公鸡。我发现你们真的很有洞察力，这件器物确实是陶土做成的，古代的工匠呀，为了让它结实一点儿，不会碰到水就变形，还特意用火给烧制了一下，这种用高温烧成的陶土器物就叫陶器。那它是不是一只大公鸡呢？我也觉得有点儿像，还有点儿不像，咱们一起研究研究。这个动物看起来可比大公鸡温柔多了，它有冠子是双层的，头后部的羽毛更丰满，它的双翅好像正在展翅飞翔，尾巴上的羽毛翘起来，有点儿像孔雀。古人把这种形象的鸟纹称为凤纹。

小结：凤凰是人们想象中的一种神鸟，古代人们把对凤凰的各种想象具象化，形成了一种最为美丽的中国传统的纹饰图案"凤纹"。凤纹的寓意之中寄托着人们对生命、对未来的美好期待。

结语：亲爱的小朋友和家长朋友们，刚才我们在展厅里找到几种小动物呀？是的，我们找到了7种小动物，它们是青铜鱼尾鞘上的豺狼和秃鹫，玛瑙觿上的变形龙，青铜蟠螭纹盖壶上的小立龙和蟠螭，青铜盖鼎上的小牛，还有陶凤鸟饰件上的凤凰。我再考考大家，它们都是什么材料做成的，是什么颜色呀？真棒，大家都回答出来了，豺狼、秃鹫、小立龙、蟠螭和小牛都是青绿色的，因为它们都是青铜做的；变形龙是玛瑙做的，它是白色透明的；凤凰是黄色的，因为它是件陶器。我要告诉大家一个秘密，展厅里面还有好多小动物等你们发现呢！提示一下，有小鸟、小鱼、狮子、大马和狗狗，快和爸爸妈妈一起找找看吧！把它们记在你们手中的小卡片上。你们最喜欢哪个小动物或者哪件器物呢？把它们画下来带回家吧！

◎**任务卡内容：**

    画一画：1.请把你找到的小动物记录下来；

                2.画一件最喜欢的器物。

器物名称	颜色	材质	用途
青铜盖鼎	白	青铜器	车马器
鱼形坠	绿	陶器	建筑构件
陶凤鸟饰件	绿	青铜器	盛食器
白瓷双鱼纹盘	绿	青铜器	兵器
青铜鱼尾鞘	黄	瓷器	炊煮器

案例：博物馆里的美食美器

◎活动类别：

　　儿童展线

◎活动目标：

　　1. 满足家庭和儿童观众深入了解展览的需要；

　　2. 多角度解读文物，建立文物与当下生活的联系。

◎活动准备：

　　1.选取代表性文物，设计展览线路；

　　2.撰写儿童版讲解词；

　　3.面向家庭和团体开放公众号活动预约。

◎活动地点：

　　基本陈列展厅

◎活动时长：

　　50—60分钟

◎服务对象：

　　6—14岁儿童及家庭

◎参与方式：

　　1.公众号开放活动预约；

　　2.团队预约。

◎活动过程：

一、引导语

　　博物馆是一个特别有趣的地方，在漫长的历史中，人们的衣食住行都可以在这里看到。今天，我们就一起看看古人的厨房里都有什么，以展厅里的食器、炊器、饮酒器为线索，带小朋友们来了解一下古代人的饮食方式和用具，以及它们的变化和发展。

　　小朋友们，你们对家里的厨房熟悉吗？知道家里的锅碗瓢盆都是什么材质的，都有什么用途吗？今天我们就来找找博物馆里的炊器和食器，来看看古代人是如何制作和使用它们的，也欢迎小朋友和我一起探讨，它们是怎么发展成了今天的模样。

二、互动式讲解

坐标 1：新石器时代的人类活动场景

在距今一万年左右，人类社会进入了新石器时代。这一时期的人类在体格、外貌上已基本和我们现代人相同，而且开始了利用自然、改造自然的历程。他们在烧烤食物的过程中发现水和土和成泥，被火烧过之后变成了不透水的硬块。然后他们就脑洞大开，根据自己的想法塑造黏土成型再专门烧制，由此发明了陶器。于是就有了盛水的陶罐、陶盆，盛食物的陶钵、陶盘，煮食物的陶鬲、陶鼎等生活用具，很大程度上改善了他们的生活条件。

指出 3D 陶器制作示意图：解释古人如何利用泥条盘筑法制作陶器。

提问时间：请大家仔细观察这个复原场景，给大家一个提示，杨家洼遗址中发掘出两个灶址，灶膛四周土层中散布有大量的榛子皮、核桃揪壳。小朋友们综合这些信息，猜猜当时生活在这里的人都吃什么，是怎么吃的。

小结：杨家洼人吃烤肉的场景，用石磨盘和石磨棒给谷物去皮的场景，在灶膛的灰烬中散布果壳的信息，都证明杨家洼人已经开始利用火烧烤食物，他们的食物来源是狩猎动物、采摘果实，还有原始的农业，他们会种粮食了。

坐标 2：展柜

这组陶器就是新石器时代人们主要的生活用具。陶罐，主要用来盛放水和粮食。陶鬲是煮粥用的。折腹盆是盛水的容器。陶钵是典型的盛食器，相当于咱们厨房里的碗。

坐标 3：古人使用甑的场景

甑。本是一种蒸食器，相当于现代的蒸锅。每件甑由上下两部分组成，上部分称为"甑"，盛放待蒸的食物；中间是"箅"，有若干通气的孔；下部分为"鬲"，用以煮水。从考古资料看，我们的祖先在距今约7000年的时候便烧制了陶甑，是世界上最早懂得利用蒸汽、采用蒸的方法熟食的民众，加之，祖先培育了世界上最早的水稻，所以说，"中国人蒸熟了世界第一碗米饭"。甑，一种看似简单、平常的蒸食器，竟然还有着如此重要的科学内涵。

有的小朋友就问了，那甑可以蒸馒头吗？原理上讲是可以的，可是当时的人们还不会发面。直到唐宋时期，发酵技术的到来，人们才吃上了馒头。而那时，甑这种蒸食用具早就消失了。

坐标4：展柜

人们在烧制陶器的过程中，积累了丰富的经验，又逐步识别了自然铜与铜矿石。他们发现用青铜铸造的用具更美观也更结实耐用。到了青铜时代，人们冶铸工艺已经很成熟了，出现了品类繁杂的青铜制品。

坐标5：独立展柜

青铜盖豆。它既可以用来盛放干食，如煮好的肉类，也可盛放调好的汤汁，如羹类。盖豆可分开使用，器盖既可以保护食物，也可用作三足碗盛放食物。

坐标6：独立展柜

青铜蟠螭纹盖壶。是盛酒器和盛水器。青铜壶盖面以及腹部周身均装饰着蟠螭纹。蟠螭，传说是一种没有角的龙。

坐标7：展柜2—6（礼器）

青铜鼎。在中国古代青铜器中，最重要的器类莫过于鼎，它甚至被视作国家、政权的象征。那么，何为鼎呢？煮食器，用于烹煮肉食、杀牲祭祀。鼎实际上就是今天煮肉用的锅，只不过多了三条足，足中间可以架火来炊煮罢了。最初只用于烹煮食物，后来主要用于祭祀和宴享，成为重要的礼器。

提问时间：小朋友们，你们都知道哪些带鼎字的成语呀？

小结：传说大禹治水后，划神州大地为九州，他要在每个州都立一个扶正祛邪的纪念物，于是搜集天下青铜铸成九鼎，每一鼎代表一个州。九鼎就成为国家政权的象征。人们用"问鼎"一词来比喻某人图谋王位。九鼎虽然不复存在，但"九鼎"一词却长久保存下来，明代张煌言诗中道："人定能胜天，一言重九鼎。"人们用九鼎比喻分量很重。

青铜敦。是专门盛黍、稷、稻、粱等粮食作物制成品的盛食具，就像现在我们用的饭碗。该件器物可拆分成两件盛食器使用，也可以将其中一件当作敦盖保护食物。

提问时间：走到这里，我要考考大家了。有了青铜器，人们还使用陶器吗？这是为什么呢？

小结：小朋友都发现了陶器的数量要比青铜器更多。陶器一直被使用，那是因为陶器的原料很丰富，制作上更为便捷，广泛深入到社会生活的方方面面。我们也发现陶器的造型越来越规整，越来越美观实用。

坐标 8：展柜

陶豆。用以盛食物，如腌菜、肉酱等。陶匜，形如瓢，古代盥器。贵族盥洗时，用匜提水浇洗，以盘盛水。

坐标 9：展柜（汉代陶制明器）

陶灶。它是作为明器随葬在墓中，而不是实用器，它的尺寸比实际的灶要小很多，尽管如此，通过这件小小的缩微灶，我们还是能够知道古代人是怎么做饭的。灶是圆形的，灶台上有三个火眼，分别放着不同的釜，就是现在的锅，正面有长方形的火门。西汉初期，灶上只有一个火眼，后来不断改进，东汉时灶的火眼增加到三四个，功能越来越先进了。

陶仓。汉代距现在已有 2000 来年，当时的粮仓我们现在已经很少看到了，但汉墓中出土了一些作为明器的粮仓，体积很小，只是作为随葬品放在墓中，我们可以通过这件陶仓看到汉代的粮仓是什么样子。

陶俎。俎是古代祭祀时放祭品或切肉切菜的案子。

提问时间：小朋友猜猜看，这件器物是作什么用的？

小结：它可不是红太狼打灰太狼的平底锅，而是铜熨斗。是古人熨烫衣服的用具，熨衣前，把烧红的木炭放在熨斗里，待底部热得烫手了再使用。

坐标 10：展柜（辽金时期的铁器）

铜甫盆。专家认为这种盆可能是酿酒工具。

六耳铁锅。可能为当时行军打仗所用的炊煮工具。这些铁锅应是军队用品，当时的部队在没有战事的时候，就是耕作狩猎的平民，一旦遇到战事，就会拿起兵器变成士兵。

大家看，这两组器物都是棕黑色的，它们都是铁质的，在辽金元时期，特别盛行铁质的锅盆，这种铁质的锅具一直沿用至今，今天回家就找找你们家里有没有铁锅吧！

坐标 11：展柜（辽金时期的陶器）

鸡腿罐。辽国当地土窑烧造，是契丹人平常习用的盛储酒、奶的器具。鸡腿形的设计可放入马背上的兜子里，适合游牧民族随身携带。

灰陶倒流执壶。该壶逆反了传统的壶顶注水法，而是把壶倒过来，将水从底部注进壶里，放正后倒出，因此被称为"倒流壶"。是始于宋、辽时期，流行于清代的壶式之一。倒流壶的原理为虹吸原理，其独特的构造、巧妙的内部设计，充分体现了古代能工巧匠的智慧和创造力。

双系罐。是盛放液体的容器，两耳用于系绳于马背，是马背少数民族特有的器型。

鸡冠壶。是辽代典型壶式器型，也称作"马镫壶""皮囊壶"，因器型饰有鸡冠装饰而得名，由北方契丹族的皮囊演变而来，具有浓郁北方少数民族特色，用于装水和盛酒。早期的鸡冠壶扁身单孔，似两片皮页，器身上有仿皮制品的针脚和接缝；后来鸡冠壶逐渐变化，变成扁身环梁式，器身装饰增多；再发展，鸡冠壶变成底部加圈足和带提梁式，便于室内生活。鸡冠壶的变化，反映了契丹民族接受汉人习俗的变化，从马背上变为较稳定的室居生活的变化。

黄釉葫芦形执壶和黄釉温碗。在辽代多作酌酒、注茶的容器。

小结：小朋友们可能都发现了吧，这组陶器造型比较夸张，颜色也很鲜艳，制作也有一些粗糙，这是典型的辽金时期的器物，那时生活在我们这里的是契丹族和女真族，他们都是北方草原马背上的民族，所以他们使用的器物也和我们汉族有很大的不同，具有他们自己的特色。

提问时间：小朋友们来观察一下这个白瓷小碗，说说它的特点。

小结： 大家现在看到的小碗和我们家里的很像，比起陶制品，瓷器看起来更细腻，也更结实。

陶器与瓷器的区别在于，一使用材料，二烧成温度，二者缺一不可。陶器可以使用包括瓷土在内的各种矿物黏土制作，烧成温度较低，多在 700℃—1000℃ 之间，但气孔率和吸水率较高就比较粗糙，敲击之声较沉闷。而瓷器使用的是氧化铝含量较高的瓷土即高龄土烧制。瓷器的烧成温度在 1100℃ 以上，胎质基本瓷化，敲击之声清脆。随着烧制工艺的提高，人们将自己对美的追求和理解体现在器物的制作上。

坐标 12：展柜（元代瓷器）

鱼藻盆、白釉铁彩龙凤纹罐、"风花雪月"盘。这批展品是绥中三道岗元代沉船出水的货物，大多是元代磁州窑生产的瓷器，当时的北方人特别喜欢这种风格的生活用具。每一件产品都是工匠手工制成，题材多取自民间生活，图案线条流畅，构图完美，绘画手法简练粗犷，极富民间色彩。

黑釉兔毫斑碗。这件黑釉兔毫斑碗颜色绀黑如漆，温润晶莹，器面上有呈放射状的棕黄色条纹，纹理清晰，形似兔子身上的皮毛，俗称"兔毫纹"，属于结晶釉的一种。兔毫碗的出现，证明了汉化之后的元代官民依然保留先朝的"斗茶"习俗。黑釉衬托泡茶后显现的茶白，以分辨茶叶的成色好坏，"青白最上，黄白次之"。兔毫是为了加厚碗胎，厚胎起到保温作用。小圆底则是为了便于搅拌。这样别致的烧造风格，使黑釉兔毫斑碗成为当时最受人们喜欢的茶具。

坐标 13：展柜（清代瓷器）

花草纹青花瓷豆。此件器物出水于"小白礁Ⅰ号"清代沉船遗址。遗址位于浙江宁波象山渔山列岛海域。

景德镇缠枝花卉纹青花瓷碗。青花瓷又称白地青花瓷，常简称青花，属釉下彩瓷，是中国瓷器的主流品种之一。花草纹及花卉纹正是青花瓷达到顶峰时的代表釉饰，凸显出宫廷造瓷的典雅之风。

这样精美的器物不仅在国内享誉盛名，在国外也受人追捧。明代晚期，中国瓷器开始行销欧洲，到清康熙中叶以后，随着中外贸易的扩大，中国瓷器外销量激增，风靡世界。中国外销瓷除了实用功能外，它雅致精湛的格调也深受欧洲上层人士的欢迎。18世纪以前，欧洲人开始复制、仿制中国瓷器。可以说，中国瓷器对西方瓷器工业的兴起产生了深远的影响。

三、结语

小朋友们在博物馆寻找古人厨房的过程，就是人类饮食器具几千年来发展、演变的过程。我们在这些器具上看到了人类的智慧和对美的追求，它们揭示了当时人们的饮食结构、科技水平、社会地

位和文化。再回到家里的厨房，大家可能会有新的认识，这些厨具来之不易哟！

谢谢参观。还有更多的精彩请到展览中探索、发现！

◎解析：

博物馆为儿童敞开大门，也要为儿童解读展览。儿童展线就是以儿童为中心，帮助儿童及家庭理解展览的有效途径。设计一个参观主题，可以明确学习目标，帮助儿童建立知识框架；聚焦指定展品，放大学习重点；缩短儿童在展厅的参观时间，节省体力；调动儿童观众的求知欲望，激发儿童的好奇心。专门为儿童展线撰写的讲解词，从儿童观众被动地听讲解员讲述权威的知识，变成吸引有兴趣的观众进行交流互动，营造轻松愉快的学习氛围。讲解员正在向教育员过渡。通过积极主动探索和发现的过程，博物馆的体验能够培养儿童的观察和反思能力，同时让他们有机会接触到与日常生活息息相关的展品。

◎策略：

1.主题的选择

儿童展线是选择展览中部分有针对性的展品进行趣味解读和科普教育。儿童展线的选题是比较宽泛的，可以是与生活息息相关的衣食住行，比如与"吃"有关的古代器皿，比如古人的出行方式；也可以选择儿童本身就比较感兴趣的话题，比如小动物、花卉植物等题材，或者是男孩子都很喜欢的古代兵器题材。对于基层博物馆来说，能代表本馆收藏特色的儿童展线肯定是最受欢迎的，比如展现草原文化、海洋文化的特定题材。

2.儿童展线和讲解词的分龄化设计

博物馆应掌握儿童年龄和需求，针对儿童不同的生理心理年龄，设计出差异化的儿童展线和讲解词，为孩子提供一个全龄段、多样且快乐有趣的参观学习环境！

3—6岁的学龄前儿童开始形成独立意识，开始通过观察和测量来认识空间和世界，并形成相应的逻辑思维。因此，这个阶段的孩子需要更多的互动式讲解和引导，以满足他们观察、探索的需求和好动、爱玩的天性。考虑到他们的独立活动能力较弱，所以他们在参观时仍需要家长的陪伴。展线设计时还要兼顾学龄前儿童的体力和注意力时间，活动时间控制在30—40分钟。

7—12岁的学龄儿童，正处于小学教育阶段，是家庭参观的主要人群。这个阶段的孩子一般都已掌握了一定的知识，思维能力和活动能力也得到了一定的提升。他们会拥有更强的主观能动性，热衷于富有创造性的活动。对这类儿童观众的展线在内容上要更加丰富，活动时间控制在60—90分钟。

3.讲解方式

儿童展线的讲解要主题鲜明，语言简练。尽量减少对文物本身形状、纹饰的过于繁缛的介绍性语言表述，将重点放在用途、产生原因及古今对比等方面，注意互动性问题的设计，通过问题引导儿童观察、思辨和讨论。鼓励儿童提问，对于超范围问题，教育员要适时地用语言、表情、动作，表现出教育机智和引导方向。

4.应用渠道

（1）家庭或团队可以通过预约形式获得儿童展线服务。

（2）博物馆可以将儿童展线植入智能导展设备。葫芦岛市博物馆的导览 PAD 中，就有两条儿童展线供家长选择。

案例：齐白石爷爷的虾

◎项目类别：

　　儿童版讲解词

◎活动目标：

　　1.引导儿童观众欣赏齐白石的画作；

　　2.了解画家对艺术的追求和家国情怀。

◎活动地点：

　　临时展厅

◎活动时长：

　　40 分钟

◎服务对象：

　　4—6 岁幼儿；7—12 岁儿童

◎讲解词内容：

　　第一板块——导语：亲爱的小观众们，大家好！欢迎你们来参观"丹青巨匠——齐白石精品书画展"。参观之前，我想问问大家，你们听过齐白石这个名字吗？大家都听过呀！齐白石晚年获得极高的盛誉与声望，1963 年于百岁诞辰之际被公推为"世界文化名人"。那在你们的印象中，齐白石爷爷画什么最出名呀？是的，齐白石爷爷的虾最有名了，它们还出现在"小蝌蚪找妈妈"那部国产动画片里呢！虾是齐白石最为人所熟悉的题材，纵观齐白石的一生，他在画虾技法上不断探索，对虾的观察、研究和创作贯穿了他的一生。今天，我就带大家通过找不同的游戏，来了解齐白石爷爷和他画的虾。

第二板块——作者简介：齐白石（1864.1.1 — 1957.9.16），原名纯芝，号渭青、兰亭，后改名璜，号濒生，别号白石、白石老人，湖南湘潭人。十二岁学粗木工，后做雕花木匠，兼习画。初为画工，为乡里人画衣冠像。六十岁后定居北京，以卖画、刻印为职业。生平推崇徐渭、朱耷、石涛、吴昌硕等前辈诸家，重视创新，不断变化，创造了独特不群的风貌。1953年中央文化部授予其"人民艺术家"称号。齐白石先生作为中国近现代国画艺术的代表性人物，具有极高的学术价值与成就，他画面中饱满的造型和浓烈的色彩，凸显出淳朴的生活气息以及对生活童趣般的热爱，传递他的艺术魅力，并呈现齐白石独特的精神世界。

第三板块——找不同：

1.我们先来观察《芙蓉小虾图》中的虾，虾在整幅构图中只是点缀，形体很小，小虾呆呆的，感觉没有游动起来。谁能数数小虾有几根虾须呀？背部有几个节片呢？是的，虾须仅有四条直而短的触须，前腿部分被省略，后腿则比较繁多，背部由六个节片组成，而且虾身部分节与节之间间隙较大，并不紧密相连。小虾几乎只有一种墨色。此时齐白石还处于临摹古人的阶段，吸取古人的笔墨技法，他看到的前人画作中的虾大多是一只，于是也画一只。旁边的小朋友一直问齐白石爷爷画的是什么品种的虾，这肯定不是咱们渤海湾的大对虾，齐白石是湖南人，他画虾的艺术形象来源主要就是产于湖南的河虾，大家要记住眼前的小虾的特征，下一幅画它就发生了变化。

2.哪位小朋友能说一说，这幅图里的虾跟第一幅有什么变化呀？是的，小朋友们观察得真仔细，小虾变弯了，有 S 形、C 形，咱们来数一数，是从第四节弯曲成各种姿势；虾须变成放射状六根，前腿不确定数量，后腿繁多；小虾有的黑一点儿，有的白一点儿，墨色有明显深浅变化。大家知道齐白石爷爷的虾为什么有变化了吗？因为他在 62 岁时，认为自己画的虾还不生动。他经常在画案上水碗里养长臂虾，每天仔细观察，并进行写生。大家发现了吗？小虾不再孤零零，它有朋友啦！画面完全以虾群为主，还没有哪位画家尝试过，这是齐白石的独创。

3. 这幅作品里的虾又发生了什么变化呀？哪位小朋友给大家数一数虾须和虾腿？虾须有六条，前腿为三条，后腿为六条。大家有没有发现小虾整体有透明的感觉呢？在 68 岁的时候，齐白石爷爷完成了一个巨大的突破，画虾更进了一步，最难得的是头胸部分淡墨上加了一笔浓墨。齐白石画虾所表现出的视觉效果，与我们肉眼在水中实际观察到的虾有很大的区别，现实中的虾不可能有如此分明的黑白色差对比。但是从视觉的角度看，恰是这一笔强烈晕染开来的效果，使得整只虾出现了一种视幻觉，仿佛纸面上的虾与观众之间真有一层水相隔，透明感跃然纸上。

4. 在这幅作品里，小虾们又发生了变化，谁能第一个说出它的不同？小朋友们太厉害了，都观察到了，这幅画里的小虾，躯干的节数减到了五节，躯干部分的腿部数量固定为五只。大家发现了没？墨色也变化了，前深后浅或是前浅后深，又或是两边深中间浅，使得虾节的透明质感跃然纸上。这一时期齐白石在画虾墨色丰富度上达到了一生的巅峰。这些小虾越来越活灵活现啦！告诉大家一个秘密，五节五腿的小虾是齐白石画虾的基本范式，这个特性齐白石一生未再做改变，形成了为世人所熟知的"齐白石的虾"。

5. 这是整个展览中最后一幅游虾图了，找了好几幅小虾的不同，我想听听小朋友们说说看到这幅图的感受。是的，虾头前面重新变成简洁的六根主须，在虾须上用墨更重，有点儿铁丝盘曲的感觉。很高兴听到小朋友说，感觉小虾们都游动着，齐白石爷爷下笔如有神。

第四板块——小结：小朋友们，你们知道吗？刚才我们找不同，找的就是齐白石爷爷50余年画虾的演变过程。60岁之前他主要是摹古，古人画一虾，老人也只画一虾；62岁在画案的水碗里蓄养长臂虾数只，进行写生，仍算是他创作虾的初步阶段；63岁画虾已经超过古人，非常生动；66岁时，画虾进步很大，虾的精神比较能抓住；68岁，画虾更进一步；70岁以后，画虾已经定型；到80岁以后的虾，才真正达到炉火纯青的地步。最后进入暮年，仍坚持作画，达到返璞归真的境界。大家想一想，我们是不是要学习齐白石爷爷，做什么事情都要坚持呢？坚持才能做到最好呀！齐白石爷爷曾经感叹道："余年七十八矣，人谓只能画虾，冤哉。"

除了画虾，齐白石爷爷还有许多优秀的作品，希望小朋友们能在齐白石爷爷的艺术世界里收获美和力量！

第五板块——齐白石的画虾趣事

齐白石以画虾而闻名，特出一告示："白石画虾，十两一只。"求画者也不讨价还价，交钱取画，各有所得。偏偏有个爱占便宜的顾主，拿了35两银子去向齐白石购画，心想，这肯定得画四只，岂不赚他半只？谁成想，齐白石看了，微微一笑，欣然收下银子。取画那天，顾主打开画卷一看，画面上有活蹦欢跳、神气活现三只小虾米。"就三只？"顾主正要发作，齐白石指指画，在两株水草之间露出一只虾尾巴，那虾头正扎进水中觅食呢！顾主自无话可说，悻悻地抱着画走了。

第六板块——齐白石的爱国情怀

1937年，日本侵略军占领了北平（今北京）。齐白石为了不受敌人利用，坚持闭门不出，而且还画了一幅画来表明自己的心迹。画面很特殊，一般人画翡翠时，都让它站在石头或荷径上，窥伺着水面上的鱼儿；齐白石却一反常态，不去画水面上的鱼，而画深水中的虾，并在画上题字："从来画翡翠者必画鱼，余独画虾，虾不浮，翡翠奈何？"齐白石闭门谢客，自喻为虾，并把做官的汉奸与日本人比作翡翠，意义深藏，发人深思。

在这个展览的最后部分，展出了一张齐白石1939年的门条，内容为"白石老人心病复作，停止见客"。"心病"一词耐人寻味。

◎解析：

"丹青巨匠——齐白石精品书画展"是葫芦岛市博物馆从辽宁省博物馆引进的临时展览，展出辽博所藏的齐白石精品作品84件（套），并配以文献、影音资料，采用多元的展示手法对其艺术进行展现，通过不同艺术语言与白石老人对话。展览通过五出五归——卧游传艺、衰年变法——画见新魂、大器晚成——似与不似、最后辉煌——融见真光四个部分，回顾齐白石先生早期、中期、盛期、晚期的艺术人生。许多家长慕名而来，希望通过画展给孩子一些艺术启蒙和熏陶。"齐白石爷爷的虾"这套讲解词通过找不同的游戏，利用数字、形状、颜色深浅的变化，引导孩子对墨色和线条的细致观察，鼓励孩子们回答问题、互相探讨，共同完成挑战。更重要的是，让孩子们在讲解中体悟：小虾从呆板到灵动的过程，正是齐白石孜孜不倦追求艺术创新的过程，体现了他对生活和自然的热爱。这套为孩子们量身定做的讲解词得到了广大家庭观众的欢迎，打开了书画展览儿童导览的新思路，孩子们第一次感觉画展这么有趣，他们在展厅舍不得离开，给父母讲虾的变化和齐白石画虾的趣闻，他们好像一下子就学会了如何鉴赏画作，开始欣赏色彩和线条。

◎策略：

1. 儿童版讲解词的内容设计：要先对展品进行初步分类评估，选择一个比较适合儿童参观的切入点作为主题，确定主题后，要对重点展品进行细致研究、拓宽知识层次、丰富讲解内容、设置互动问题、调整讲解语言。

2. 儿童讲解词的板块化设计：儿童讲解词撰写时，可以根据主题内容的递进层次划分为若干板块，根据观众的现场反应和接受水平进行灵活的排列组合。以"齐白石爷爷的虾"为例，讲解词由导语、作者简介、找不同、小结、趣闻和爱国小故事6个板块组成，我们用A、B、C、D、E、F表示这6个板块，这些板块就像乐高积木一样，可以由讲解员通过观察现场反馈而自由创意组合。比如幼儿版讲解标准化板块是A+C+D；高年级儿童版标准化板块是A+B+C+D+E+F；对于现场互动气氛热烈、表现积极的学龄前儿童可以适当提升为A+C+D+E；对于有退行表现或者对参观时间不足的儿童观众可以简化为B+E+F。

3. 虽然是儿童讲解词，也需要科学严谨的研究作为基础。"齐白石爷爷的虾"中涉及的艺术技巧、生平趣事均来自辽宁省博物馆出版的《人巧胜天——齐白石书画展》图录，齐白石虾的艺术表现和分期参考了胡橐的《谈白石老人画虾》及齐驸的《齐白石画虾流变考》等文章。

活动：完美的食器

◎项目类别：

儿童教育体验活动（STEAM 课程）

◎活动目标：

1.通过参观学习，了解中国古代食具的发展变化，感受中国饮食文化的历史悠久和博大精深。激发学生对中国古代文化的自豪感和认同感。

2.引导学生从实际生活入手，理解并能迁移运用一些科学概念性知识，提升学生的科学素养，锻炼工程师思维。

3.培养学生对博物馆亲切感，初步学会利用博物馆资源进行自主学习的能力。

4.养成学生团队意识，锻炼同他人交流与合作的基本技能。

◎活动准备：

1.设计课程。

2.准备笔记本、超轻黏土、笔等材料。

3.面向家庭和团体开放公众号活动预约。

◎活动地点：

基本陈列展厅＋儿童活动中心（多功能厅）

◎活动时长：

60—80 分钟

◎服务对象：

9—14 岁儿童

◎活动开发与实施：

一、选题

民者，食为天。做饭、吃饭与生活息息相关，是孩子们最熟悉不过的事情了，虽然每天都吃饭，孩子们认真观察过锅碗瓢盆这些厨房用具吗？知道它们是什么材质的吗？仔细思考过这些用具设计与用途的关系吗？了解这些食具承载的中国饮食文化吗？在一些学校的地方课程和校本教材中，经常会有一些篇章是借由古今对比，讨论一些问题。以辽宁省义务教育地方课程教科书《人与自然》一年级上册为例，在《敲开创想大门》一课中，用一幅漫画描绘了远古人的生活，由此提出：从远古到现代，人类的生活发生了哪些变化？古代人是如何生活的？古代人吃什么、怎么吃、做饭的工具都有什么？这样的问题，如果学生们没有到博物馆参观的体验，很难仅仅从老师的讲解和图片或漫画中理解答案。博物馆里开设的教育课程会带给学生最直观的体验，亲眼看到的实物与已有生活经验的联系，不但让他们有了一份带着感觉的记忆，甚至会产生一种情感上的认同感。为了让博物馆学习对学生产生更深远、更丰富的影响，博物馆教育可以引入 STEAM 教育理念和方法，关注对科学思维的锻炼和博物馆学习方法的培养。"完美的食具"以现实生活中最常见的炊具和餐具作为切入点，在博物馆里寻找其诞生、发展和演变的踪迹，讨论器物材质、工艺对功能的影响，培养学生们的工程师思维，引导学生感悟人类在文明发展进程中孜孜不倦的探索与追求。

二、活动设计

通过在展览中寻找、发现、研究食具演化过程中原材料与造型、工艺、功能之间的关系，以小组为单位"给杨家洼人设计一件完美的食具"，解决新石器早期人类食具存在的一系列问题，制作完成后要成功推销给"杨家洼人"。

活动人数：8—30人，每4人一组，分组学习。

涉及学科：历史、物理、数学、美术、口才

教学设计流程图：

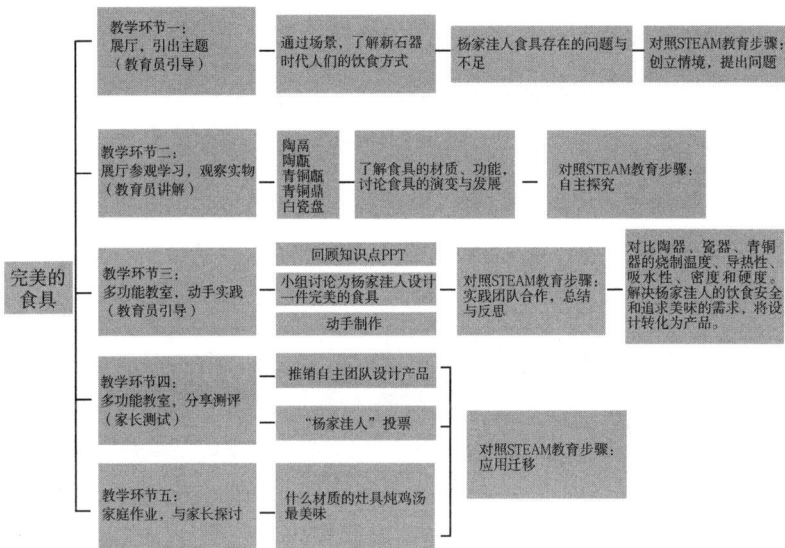

完美的食具	教学环节一：展厅，引出主题（教育员引导）	通过场景，了解新石器时代人们的饮食方式	杨家洼人食具存在的问题与不足	对照STEAM教育步骤：创立情境，提出问题
	教学环节二：展厅参观学习，观察实物（教育员讲解）	陶鬲 陶甗 青铜甗 青铜鼎 白瓷盘	了解食具的材质、功能，讨论食具的演变与发展	对照STEAM教育步骤：自主探究
	教学环节三：多功能教室，动手实践（教育员引导）	回顾知识点PPT 小组讨论为杨家洼人设计一件完美的食具 动手制作	对照STEAM教育步骤：实践团队合作，总结与反思	对比陶器、瓷器、青铜器的烧制温度、导热性、吸水性、密度和硬度，解决杨家洼人的饮食安全和追求美味的需求，将设计转化为产品。
	教学环节四：多功能教室，分享测评（家长测试）	推销自主团队设计产品 "杨家洼人"投票	对照STEAM教育步骤：应用迁移	
	教学环节五：家庭作业，与家长探讨	什么材质的灶具炖鸡汤最美味		

三、活动步骤

1.导入（展厅，10分钟）

第一步，创设情境。首先，博物馆教育员要给孩子们进行分组，给每组分发纸和笔，然后以小组为单位到展厅参观。这堂课的项目主题是炊具和食器，我们在展厅中就只看相关展品。展线从展厅的第一个生活场景开始，简单介绍新石器时代早期人类的生活，

带学生来到展厅中杨家洼遗址复原场景，这是一片近水的高台地，四周都是高高的核桃树，不远处有陶址、半地穴式的房址和附近的灶坑，古人有的在烤肉，有的在制作陶器，有的在用石磨盘和古磨棒磨去谷物的外壳……提示学生由观察古人们的生活环境入手，分析周围环境与食物的联系。让学生观察并思考：

杨家洼人都吃什么？怎么吃？

原始的灶是什么样子的？灶里发现了大量的核桃楸皮和炭化的谷壳，证明了什么？

地上散落的陶钵和陶罐是用来做什么的？（讲解陶器的诞生以及陶器与人类饮食的关系）

第二步，提出问题。"同学们已经了解了杨家洼人的主要食物和烹饪方法，请分组讨论并将杨家洼人的食具与我们家里厨房的炊具和餐具进行对比，找找看有什么差距。""你们觉得新石器时代早期古人的食具主要存在的问题是什么？""如果想做出更多美味食物，他们需要什么样的炊具？如果提高卫生标准保证饮食安全，他们的餐具还需要做哪些改进？"

第三步，归纳问题。每个小组先讨论一下，然后由一个代表总结发言。教育员归纳小组发言，总结出古人炊具不卫生、功能性差、不好看等问题，接下来，教育员就会让孩子们带着这些问题，去寻找食器在功能、工艺和艺术性方面的演进。

2. 自主探究（展厅，20分钟）

随着时代的发展，我们的祖先从未放弃过对美味的向往，经过无数次的尝试、创新与发明，后人的食具发生了哪些变化呢？通过展厅里陶鬲、陶甗、青铜甗、白釉瓷盘、青铜鼎等5件文物来了解食具的发展和演变。着重探讨陶、青铜、瓷制食具由于原料差异而导致制作工艺与功能的不同。通过讲解和任务探索的方式厘清以下几个知识点：

陶鬲：在原始农业产生后，谷物成为人类赖以生存的主要食物来源之一，人们迫切地寻找一种新的烹饪方式，让谷物变成真正的美味。新石器时代晚期，陶鬲的出现是为了满足人们煮粥的需求。袋状足的设计是个亮点，目的是让受热面变大，缩短了食物烹饪的时间，也节省了能源。

陶甗：是一种复合炊具，上部是甑，下部是鬲。下部烧水煮汤，上部蒸干食，相当于现在的蒸锅。蒸食是人类利用蒸汽能的最早实践，不但是一种新的烹饪方法，也是中国人世代相传的一种独到的烹饪方式，具有更深的饮食文化内涵。正因为东方以蒸见长，所以以米饭、馒头为主食；而西方以烤见长，所以其主食是面包。

青铜甗：相比陶甗，青铜甗的足发生了明显的变化，这是因为制作甗的原材料发生了变化，金属具有很好的导热性，立足就取代了袋状足。

青铜鼎：鼎是专门用来煮肉的，而且因为鼎的器型比较大，人们还可以把肉和菜一起放进去煮，很像今天的火锅。由于鼎的三足是空心的，在加热的时候，温度会传导得很快。

白釉瓷盘：与我们现在家用的餐盘很像，白釉光亮，形制规整，尤显清净美观。胎壁虽然很薄，但质地坚固，在硬度、耐火度和吸水率等方面都比陶器有大幅的提高。是以高岭土为原料，经1200℃左右的高温进行烧制。

通过参观和寻找展厅中的典型展品，让孩子们快速且直接地对古代炊具和食器发展有个整体印象，在这个过程中，他们会发现由不同材料制成的陶器、青铜器、铁器、玉器、瓷器等食器会根据制作材料的特点呈现功能和工艺上的不同，相同材料制成的食器会因为不同时代审美的趣向和生活习惯而呈现艺术上的特质，同时通过和孩子们的互动，引导他们发现问题。原料、导热度、密度、硬度、温度、吸水率、工艺水平等关键词就在生动形象的比较中植入到小脑袋中了。以小组为单位学习探究，培养了孩子们的团队意识。在活动中，四人一组对于完成整体项目的效果和学习体验是比较理想的。

3. 实践（多功能教室，20—30 分钟）

同学们以小组为单位，找到本小组的操作区域。

第一步，回顾导入。早在远古时期，因为人类对火的利用，人们开始吃熟食了，也开启了对食物加工的探索。我们从展厅里了解到，材质和造型决定了食具的功能和用途。PPT 展示对比表。

第二步，合作设计。要求学生以组为单位，为"杨家洼人"设计一件完美的食具，并用超轻黏土制作模型。"完美的"要求就是让孩子们在设计时充分考虑到器物的实用性和艺术性。同时，要为这件食具写一个说明书，标明材质和功能。

要求：小组参赛。

分工：组长 1 名，负责统筹安排、组织组员；讲解员 1 名，负责推销本组的作品；组员若干，集体创意、集体制作，分工协作。

这个过程主要锻炼了孩子解决问题的能力，他们会在设计过程中有针对性地解决本小组特别关注的问题，比如有的小组在参观时强调古人不注重饮用水卫生安全，他们在设计的时候就会加上过滤和煮水的功能；有的小组会觉得古人吃烤肉比较单调，就会设计出煎炒烹炸一体锅；有的小组觉得陶制器具非常粗糙、不漂亮，就会设计出非常复杂的花纹。孩子们的设计天马行空，在实现设计作品的过程中，通常会遇到各种各样的问题，比如几个足才能达到支撑的效果？想要一个大大圆圆的膛怎么办？超轻黏土太软了，制作的合金"豆"立不起来怎么办？黄色和绿色搭配一起好看不好看？用了这么多颜色怎么看起来好土？如此一来，关于工程学、美术、雕塑的小小种子也埋进了他们的心里。同时，小组讨论和协作也能提高孩子的团队合作意识。

4.交流总结和应用迁移（多功能教室，10—20分钟）

第一步，邀请家长化身"杨家洼人"进入多功能教室，做观众评委。

第二步，学生以小组为单位，展示并推销自己的设计作品。

第三步，对"完美的食具"进行考评，评选出"最佳设计奖"。

任务评价量规

项目	1分	2分	3分
作品外观	完整，模仿文物造型	完整，有现代设计理念	融汇古今，眼前一亮
知识点	没有涉及学习的知识点	提到了所学知识点，但不深入	利用所学知识点，在设计中得以体现
创造力	无	一般	丰富
艺术性	用色单一，没有考虑纹饰	有纹饰	用色讲究，纹饰有寓意
小组分工合作	无分工，有组员无事可做	有分工，但各自为政	有分工，有明确任务，合作愉快
总结展示	1人上台推销，表达一般	1人上台，与台下互动好，表达能力强	2人以上组员共同汇报，经过精心设计，表现精彩

这个环节是整个课程中最精彩的部分，充分展示了孩子们的语言表达能力、领导力、创造力、艺术天分和情商。这个课堂上有未来最先进的一种金属材料锅，可以没有热源就自动烹饪，还可以永远保温；有史上最花哨、集古今吉祥饰品之大成的碗；有口若悬河的"CEO"和装可怜的"推销员"；有两个人一唱一和的，还有集体上台合作广告的……最后哪组胜利并不重要了，家长和孩子们都很享受这样一堂博物馆课程的时光。

第四步，请学生们课后利用今天学到的知识，与家长一起讨论，厨房里的什么锅炖出的鸡汤最美味。

四、课程评价

"完美的食具"STEAM 课程是通过了解中国古代食具的演变与发展，探究科技进步对饮食器具的影响，将在展厅里学到科学概念和常识，应用于解决现实问题，完成"为杨家洼人设计一件完美食具"的任务。旨在以探究、设计、实践等方式，培养学生解决问题

的能力、动手实践能力和创造性思维等综合素养。从学生的参与度、手工作品的设计制作水平、营销表现以及活动结束后与学生和家长的访谈反馈来看，本节课基本实现了开发阶段设定的教学目标。家长和学生们对课程内容、教学手段和形式、活动设置安排的连贯性和创新力等方面满意度较高。

◎解析：

STEAM 教育理念是近年来发展迅猛的新兴教育理念，概念来源于美国国家科学基金会提出的 STEM 教育。英属哥伦比亚大学教育学院大卫·安德森教授认为，STEM 教育是一种整合了科学（Science）、技术（Technology）、工程（Engineering）和数学（Mathematics）的教育模式[①]。STEM+Art（艺术）发展了 STEM 教育理念，形成了"以数学为基础，通过工程和艺术理解科学和技术的"跨学科的、整合的 STEAM 教育。

STEAM 教育聚焦于创新人才的核心素养的培养，强调多学科的交叉融合，以整合的教学方式，培养学生掌握知识的技能，并能进行灵活迁移解决真实世界的问题。博物馆拥有丰富的自然、历史、艺术、科学研究资源，以进一步提升综合能力和情感价值为目标，实施沉浸式、体验式教育。其教育理念、目标、方法与 STEAM 教育不谋而合。融合的 STEAM 教育具备九项核心特征：跨学科、趣味性、体验性、情境性、协作性、设计性、艺术性、实证

[①] 【加】大卫·安德森、季娇：《从 STEM 教育到 STEAM 教育——大卫·安德森与季娇关于博物馆教育的对话》，《华东师范大学学报》（教育科学版），2017 年第 4 期，第 139 页。

性和技术增强性。其中跨学科、趣味性、体验性、情境性、艺术性等特征正是博物馆教育的优势体现。STEAM教育的倡导者和研究者也将目光投向了博物馆，中国教育科学院2017年发布的《中国STEM教育白皮书》中提倡STEM创新生态系统，鼓励博物馆、青少年宫、科技馆、数字媒介等社会机构积极开放空间，为学习者提供更加广阔的学习平台。

现阶段博物馆课程多偏重人文历史和艺术两个角度，STEAM教育培养"科学素养"，以项目融合科学、技术、工程、艺术等学科任务的理念，将进一步拓宽博物馆教育课程开发维度，促进博物馆对教育资源的纵深研究，提升博物馆儿童教育工作质量。葫芦岛市博物馆自2017年开始，尝试将STEAM教育理念应用于博物馆儿童教育工作，围绕本馆基本陈列和临时展览资源，相继开发了多个以项目为驱动，通过动手实践、合作学习来解决问题的儿童教育课程。博物馆STEAM教育一经推出，就受到广大师生和家长的青睐，成为本馆最受欢迎的、小学生社会实践小队预约最多的儿童教育活动。

◎策略：

"完美的食器"和"博物馆里的美食美器"是为儿童观众解读同类展品的两种不同方式，"博物馆里的美食美器"是一条为儿童和家庭观众服务的导览路线，"完美的食器"是以当下备受关注的STEAM教育课程形式呈现。STEAM教育给博物馆教育注入了新的思路，也带来了更多的启发与机遇。博物馆儿童教育从业人员在设计STEAM课程时，还需要注意以下几个问题。

1. 博物馆 STEAM 教育项目是引入 STEAM 教育理念的博物馆教育

首先要强调的是，不能将博物馆 STEAM 教育项目简单地理解为在博物馆场馆内开展的 STEAM 教育活动。博物馆 STEAM 教育项目必须突出博物馆的教育特性。我国著名博物馆学专家苏东海先生曾言，如果不强化博物馆教育本身的个性，博物馆教育始终只能湮没在大教育系统的共性之中，显现不出博物馆教育在大教育系统中应有的独立价值和地位。

博物馆教育的优势在于其多元、灵活，强调的是实物基础和互动体验的过程，由欲望、兴趣、疑惑而探索、思考、实践，更接近于现实世界学习的本来过程[①]。相对于博物馆教育来说，STEAM 教育着眼于未来科技人才的培养，优势是教育理念和方法。博物馆 STEAM 教育可以理解为突出博物馆教育资源优势，采用 STEAM 教育理念与方法，更丰富、更直观、更具有延展性和连续性的融合教育。

"立德树人"、培养人才是博物馆青少年教育的根本目的。北京师范大学教育学部部长朱旭东表示，我国教育界一直以来倡导的核心素养应当建立在核心价值观的基础上，唯有如此，才是一个完整的人才培养目标，才能彰显其教育的意义与价值。所以，希望儿童博物馆教育在我国自己的价值立场基础上培养儿童的核心素养，探

---

① 陈曾路：《体系和品牌——博物馆未成年人教育的一些思考与实践》，《中国博物馆》，2017 年第 131 期，第 24 页。

索对儿童的全方位教育①。博物馆儿童教育项目设计要立足于博物馆文化，即藏品文化、环境文化和思想文化，体现博物馆教育的文化特征。具体而言，就是要让儿童观众享受中华五千年文明成果，享受中国特色社会主义文化下的文明教育②。这也是博物馆STEAM教育的根本准则与核心要素。

2.博物馆STEAM教育项目的"教育性"

美国博物馆教育界的权威海因（George E.Hein）在其1998年出版的《学在博物馆》一书中写到：第一，无法挑战或激励我们的例行经验，不具有教育性，为了使博物馆经验具有教育性，不能只强调"动手做（hands-on）"，还必须能够"动脑（minds-on）"。第二，博物馆经验光是生活、活泼、有趣是不够的，必须经过组织，才具有教育性。博物馆STEAM教育强调跨学科学习，有目的整合多个学科领域的知识和方法来解决真实问题，其项目本身必须遵行科学的教育方法。

与目前比较广泛应用的博物馆教育项目相比，STEAM教育本质上是思维方式的养成，在教育实施过程中特别重视总结与反思、应用迁移和团队合作三个环节。引导学生对知识和方法、技术与过程、思维方式等进行总结和反思，使学生加深对知识、技能、方法、过程的理解，提炼而形成自己的认知策略，是对合作探究学习

---

① 弘博网：《中国儿童博物馆的最全指南出炉，值得每一位从业者参与借鉴》，2019.11.22。

② 靳宝：《浅析博物馆儿童教育项目设计》，《博物馆与儿童教育》，2013年，第31页。

过程和结果的自我意识表达，是教学能力和学生学习能力的核心。良好的应用迁移是与所学内容相关的，将知识和方法运用到真实情境和其他领域，能够激发学生积极思维，能引导学生联系实际而自主解决问题。锻炼学生同他人交流与合作的基本技能，感受如何通过不断沟通与分工协作更好地达成目标，形成良好的伙伴关系。在博物馆 STEAM 教育项目中应该有意识地加入这三个环节，凸显 STEAM 教育特征和优势。在具体实施过程中可以采用组队完成任务的形式进行团队合作；利用任务单、测评表、演示、讨论等进行总结与反思；以提出一个观察、讨论、解决现实问题的家庭作业进行应用迁移。

3. 从业人员需要不断加强系统地学习

博物馆 STEAM 课程在活动开发和实施过程中不能回避的问题主要有两点：一是开发难度大。在现有资源条件下，既要从知识纬度相对较为广阔的文物中提炼科学元素，又要设计跨学科综合实践项目，实现不同学科联通，具有一定的挑战性，需要开发者投入大量的时间、精力进行深入学习。二是对教育员综合能力要求较高。已有研究表明，教师引导下的自主探究能更好地促进学生知识和技能的发展。在活动中，教育员要具备基本的科学素养和学科准备，一方面要通过基于项目、创新设计、任务探索等过程完成认知（思维）互动、情感互动、行为互动；一方面还应恰当地列举生活中的典型事例，唤起学生已有的感性认识。教育员的个人综合能力直接影响课程的质量和效果。以上两个问题都有待在日后的工作中，通过不断地研究和培训得以提高。

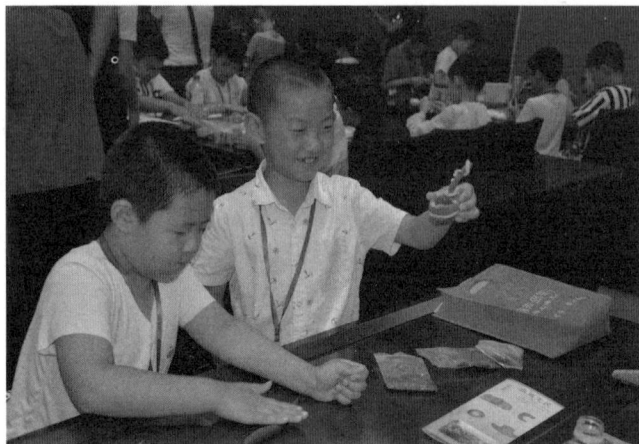

完美的食器课程现场

案例："行知少年——小讲解员培训营"

◎项目类别：

小讲解员培训

◎活动目标：

1.培训小讲解员，为展览提供志愿讲解服务，扩大葫芦岛市博物馆的社会影响。

2.葫芦岛市博物馆"行知少年——小讲解员培训营"，以倡导素质教育为宗旨，以提升综合素质为目标，注重培养学员的观察力、专注力、表达力、沟通力。让孩子们在活动中收获知识、收获技能、收获快乐，促进学生的全面发展，推动广大青少年核心素养的提高。

◎培训内容：

凸显博物馆馆藏文物资源优势，通过名师授课、讲解实践、特色课程体验，"讲""学""练"三位一体学习地域历史和传统文化知识，锻炼口语表达能力和讲解技巧。

◎活动准备：

　　1.项目策划、方案制定、课程设计、管理细则。

　　2.培训课程教材、教具准备。

　　3.聘请专家。

　　4.开放公众号活动预约和活动信息发布。

◎活动地点：

　　基本陈列展厅＋儿童活动中心（多功能厅）

◎活动时长：

　　五天

◎服务对象：

　　10—12岁儿童

◎活动开发与实施：

　　一、报名须知

　　葫芦岛市博物馆举办小讲解员培训营活动，公开招募我市10—12岁的少年儿童。只要是热爱历史，乐于做文化的传播者，梦想成为小讲解员的适龄儿童都可以参与此次活动，与小伙伴一起学习家乡历史知识，锻炼提高自己表达和公共演讲能力。

　　有意者请于2018年7月31日之前，填写附件"行知少年"暑假训练营报名表，以电子邮件的形式发送至：huludaoshibowuguan@***.com，年龄限10—12周岁，招募人数60人，额满为止。

　　邮件名称格式：名字－年龄

　　联系人：刘＊＊

　　联系方式：0429-6660556

报名结果将于 2018 年 8 月 3 日在葫芦岛市博物馆公众平台发布，请报名者注意查看。

家长须知：

1.本次活动全程免费，午餐（可统一订餐）、交通需自理。

2.须购买保险，入营当日现场办理。

3.实行签到签退制。除最后一天的行程需要家长陪同外，请家长务必每日 16：00 前来接离。

*实际培训时间以葫芦岛市博物馆发布的具体通知为准。活动最终解释权均归葫芦岛市博物馆所有。

二、"行知少年——小讲解员培训营"活动安排表

日期	时间	主题	备注
8月7日	9:30—11:30	办理入营手续	一楼服务台
	11:30—13:30	午休	
	13:30—16:00	办理入营手续	一楼服务台
8月8日	9:30—10:30	入营仪式 +HAPPY TIME!	多功能厅（一楼）
	10：30—11：30	《行知少年——成长在博物馆》 主讲人：孟玲	
	11:30—13:00	午餐及午休	
	13:00—13:30	拍照	室外
	13:30—15:00	《讲解员肢体语言的艺术表达》 主讲人：达温阳	多功能厅（一楼）
	15:00—16:00	参观展厅	展厅（二楼、三楼）

日期	时间	主题	备注
8月9日	9:30—10:40	《带你走进博物馆》 主讲人：孟繁宁	多功能厅（一楼）
	10:40—11:30	SHOW TIME！	
	11:30—13:00	午餐及午休	
	13:00—13:30	PLAY TIME！	
	13:30—15:00	《丝绸音乐之旅》 主讲人：刘辰菲	
	15:00—16:00	文物赏析	
8月10日	9:30—11:30	《如果文物讲故事》	多功能厅（一楼）
	11:30—13:00	午餐及午休	
	13:00—16:00	实践辅导	展厅（二、三楼）
8月11日	9:30—11:30	"行知少年"讲解初赛	多功能厅（一楼）
	11:30—13:00	午餐及午休	
	13:00—16:00	"行知少年"讲解初赛	
8月12日	9:30—11:20	"行知少年"讲解决赛	
	11:20—11:30	颁奖仪式及结营仪式	

三、活动内容及流程

（一）入营仪式

1.馆长致辞，对小学员提出寄语；

2.学员按签到顺序分成3组，三位专职教育员作为组长做自我介绍；

3.宣布开营，小学员们纷纷在营旗上签下自己的名字，对即将开启的学习之旅充满了期待！

（二）社交能力培养

"小讲解员培训"项目是博物馆儿童教育的一个综合性教育项目，是博物馆"非正式教育"优势的体现，我们的教育目标不仅仅是辅导学员如何成为一名合格的博物馆小讲解员，而且希望通过五天的集体培训生活，对学员的个人能力和素质提升有全面的促进作用，其中一项重要的内容就是社交能力的培养。为此，我们专门设计了3个TIME。

1. 破冰 HAPPY TIME

（1）宣布纪律，发放贴纸：贴纸的不同位置代表不同的志愿服务，培养学员公益服务的意识。贴在胸口心脏的位置表示有爱心，午餐之后打扫卫生的志愿服务；贴在大臂外侧表示有力量，做搬桌椅的力量型志愿服务；贴在胸口正中位置表示有责任，当纪律混乱时做维持秩序志愿服务；不想参加志愿服务的学员，可以选择不贴贴纸。

（2）游戏环节："破冰"时间！游戏设计从个人完成到组队参与，从表情传递到肢体接触，从动作完成到脑力风暴，让小学员们在游戏中拉近彼此的距离，在分组游戏中，迅速相识，形成团队意识，共同应对挑战，瞬间成为朋友！

①传递微笑：请起立，用最快速度找到自己队员，每组排成两排，找到自己队长的位置，从第一排开始请给你右边的同学一个大大的微笑，这时候右边的同学就要仔细观察，他是怎么笑的哦，你要传递给下一位同学。

②根据前边提示的词语，做出相应动作。吃鸡，女生，男生，

自拍。两人比心，比武，三人搭桥，四人拥抱（同组队员）。小组对抗赛"人多足少"游戏，每组 4 名组员参加，根据数字口令，完成动作挑战。比如主持人发出 4 的口令，组员需要同舟共济、互相肢体搀扶，留在地面 4 只脚。

③脑力游戏：每组选出 2 名组员，用一句话找到跟你有相同点的人，看看谁的人数最多。

2. 才艺展示 SHOW TIME

学员自愿报名参加 SHOW TIME，主动向队员们介绍自己，展示自己的才艺。这个环节设计，增进了学员们的相互了解，促进了学员之间的交流。一些学员的性格和社交能力在活动中凸显，教育员可以明显观察到，同伴的魅力展示会激发性格内向学员的表达欲望。

3. 共同玩乐 PLAY TIME

博物馆教育的最大特质就是快乐地学习、快乐地挑战。集体培训也应该营造一个轻松愉快的社交氛围。我们重新设计了博物馆儿

破冰时间

童指导手册——《海丝寻亲记》的课程内容，设计了一个画克拉克瓷盘子的任务，学员们一起研究、互相提示。在答案揭晓的时刻，有的组员间指指点点，欢笑着面对失误；有的组员感受到团队协作的力量，为自己和队友的成功喝彩。

（三）小讲解员课程内容

1.《行知少年——成长在博物馆》。葫芦岛市博物馆副馆长孟玲，为学员解读行知少年——小讲解员培训活动，如何做一名在博物馆学习成长的知行合一的少年，为博物馆提供志愿服务的意义和价值，发掘博物馆里学习的奇妙之处！

2.《讲解员肢体语言的艺术表达》。张氏帅府博物馆宣教部培训主任、国家一级培训师，沈阳大学客座教授达温阳老师规范孩子们的站立坐行，在教学互动中，为孩子们树立作为一名小讲解员的标准行为准则。

讲解员肢体语言培训

3.《带你走进博物馆》。辽宁省博物馆社教部主任，中国博协社教专委会委员孟繁宁老师为孩子们讲述博物馆的由来和历史，怎样正确地参观博物馆才能带来更好的参观体验，孩子们在与老师的不断交流互动中，了解更多博物馆背后的故事！

4.《丝绸路上的音乐之旅》。辽宁省音乐家协会会员、葫芦岛市音乐家协会副秘书长、葫芦岛市合唱协会副会长刘辰菲老师，带领小学员们进入音乐的世界，感受丝绸之路沿途国家音乐的韵律之美，尝试异域风情的音乐旋律创编，学会聆听音乐、欣赏音乐，通过音乐感受丝绸之路的文化魅力！

（四）博物馆实践

1. 参观展览，文物赏析

组织学员参观博物馆基本陈列，介绍博物馆收藏的珍贵文物，为学员们讲述一件件文物背后的历史故事。为学员展示讲解员的基本素养，示范讲解时语言的生动表达、规范的表情和体态管理，演示组织和引领观众的有序参观。

2. 如果文物讲故事

发挥想象力和创造力，动手制作一本属于自己的立体文物故事书，讲述关于文物的历史故事。培养学员在文物中发现美、提炼美、表达美的思维能力，锻炼学员语言组织和动手能力。

3. 实践辅导

（1）对小学员进行语音、语调准确度的学习和纠正，鼓励儿童完整、连贯、生动地讲述讲解词。

（2）培养小学员阅读理解能力和阅读速度，培养儿童逻辑分析能力，发展儿童默读、速记能力。鼓励儿童辨识、记忆和简单复述展品说明牌，一级、二级单元说明和辅助展板说明。

（3）培养小学员的写作能力，鼓励儿童将书面文物介绍改写成讲解词，以成人版讲解稿为蓝本，根据自己的理解重新撰写儿童版讲解词。

（4）培养小学员的研究能力，鼓励儿童在讲解前对目标展品进行头脑风暴和资料搜集，从多角度对展品进行解读。

（5）以讲解员的标准鼓励小学员在日常生活中保持端正的坐、立、行姿势，学习讲解工作中的体态、手势和表情管理。

（6）社交能力的培养，帮助小学员在活动中发展独立性，培养他们在团队中的主动性和积极性。通过不同的活动，鼓励孩子们正确认识自己，意识到集体与自己的关系，在集体活动中树立良好的自我意识。

（五）考核和展示

1. 小讲解员初赛评选

由教育员组成评审小组，对小学员的讲解能力进行现场考核和点评，从82名学员中择优选出40名小讲解员参加决赛。初赛评选对家长开放，在"行知少年——小讲解员"评选初赛的现场，小学员们都展示了学习成果，实现了自我挑战和突破。教育员从发现学员的进步和提升空间的角度进行点评，无论是表现力爆棚的学员，还是情绪紧张、表现有瑕疵的学员，都得到了诚挚的鼓励和祝福。学员和家长们对活动安排和学习成果感到满意，有些家长和学员还在活动中发现孩子（自身）潜在的能力。

2. 决赛和结营仪式

由3所学校的校长、大队辅导员和博物馆馆长作为评委，对"行知少年"小讲解员实践讲解决赛评选。评选最佳小讲解员20人，发放奖品和聘书，聘为葫芦岛市博物馆"行知少年"——小小志愿讲解员。

5天的培训营活动圆满闭幕，同时也标志着一个全新的开始，希望所有的学员可以把博物馆作为继续学习和实践的平台，在未来，欢迎行知少年们来到博物馆为观众进行讲解服务，真正做到知行合一。

获奖学员

◎解析：

小讲解员培训项目，是博物馆最受家长欢迎的项目。家长们热切地希望孩子能在博物馆学习到历史和文物知识，锻炼社交胆量，提升口才水平。同时，小讲解员培训也为博物馆培养了潜在观众和志愿者。许多博物馆目前都已经开展小讲解员培训项目，由本馆讲解员辅导学生讲解，带领学生体验博物馆教育项目是此项活动的标准化设计。

笔者认为，博物馆的教育目标直接决定了小讲解员项目的教学质量和效果。如果以对儿童的全面培养作为博物馆儿童教育的目标，还需要博物馆教育从业者的研究更深入、更扎实。小讲解员培训营主要教育对象是四年级以上的儿童，与手工项目不同，小讲解员教育项目告别了单纯的游戏和手工制作，以儿童学习活动占主导，希望儿童在培训营中开始有意识学习，学识和才能得以全面提升。小讲解员培训项目在内容设计上要兼顾儿童在语言、动作、情感等多方面的发展需求，在培训方式上要突出博物馆教育的优势，强调职业体验、能力培养和兴趣开发。

葫芦岛市博物馆在 2018 年暑假推出"行知少年——小讲解员培训营"活动，招募信息一经发布就热线不断，第一天公众号平台报名就超出了预订的 60 名人数。社教部虽然立即对外公告，停止报名，还是有 82 名学生符合参加标准，参与了此次活动。这次活动不仅为孩子们提供了近距离了解文物藏品的机会，满足了他们对博物馆讲解工作的好奇心，也展示了儿童无限的想象力，激发了儿童超强的学习能力，给他们提供了一个重新认识自己、发现自己的机会。培训营得到了广大家长的认同，也成功吸引了学校对博物馆的关注，小讲解员评比决赛环节请到了 3 所小学的主要领导做评委，小讲解员培训项目得到了校长们的高度评价。82 名学员中，有 30 名学生自愿成为博物馆小小志愿讲解员，参与过 1 次以上的志愿讲解服务，其中 17 名成为比较活跃的优秀志愿者。此次"行知少年——小讲解员培训营"为小学员们带来了一种与众不同的学习实践方式，在潜移默化中加深了大家对历史文化知识的学习和小讲解员专业性的认识，以丰富有趣、浅显易懂的授课方式呈现历史的厚重与讲解专业知识的延展，在寓教于乐中发掘小学员们身上的闪光点，激发小学员们无限的潜能！

值得一提的是，有 2 个男孩在培训营中发现了自己的"超能力"，他们说："我从来都没想过，我能讲得这么好，在班级里我从来没有这样给大家演讲的机会，妈妈，我也太厉害啦！""我只是想更完整地介绍一下这幅字，搜集资料的时候，还请爸爸帮了点儿忙，观众们都为我鼓掌，我太激动了！"更神奇的是，一位小学员的妈妈，因为儿子在博物馆的表现而感动，也成了一名博物馆志愿者。一个成功的博物馆儿童教育项目会传递博物馆的力量，而这些发生在身边的感动和美好正是博物馆教育从业人员前行的动力。

◎策略：

1. 对于小学高年级的学生，以游戏为主导的活动向以学习为主导的活动转变，对儿童学习动机，宜采用多种教育手段，让学习与外部世界发生关联，与社会意义联系，从而激发其学习的无限愿望和真正动力。

2. 对于10—12岁儿童的课程设计，内容可以参考新课标要求，着重培养基本技能和调动基础知识的迁移，以博物馆儿童教育活动促动儿童开启智慧，提高自学能力。

3. 在集体生活中培养儿童良好的情感控制能力和稳定情绪，引导儿童积极正面的情感，塑造良好的性格和团队合作意识。

4. 在课程和活动内容设计时，培养儿童从事公益服务的意识，鼓励小讲解员成为博物馆小志愿者。

5. 对于小志愿者来说，工作量安排要适度，串讲的方式更适合小讲解员，即多个小讲解员负责一个展厅或一个临时展览的讲解，一人讲解一个部分，每个小讲解员可以针对自己讲解的部分进行深入研究和适当发挥。不同风格、不同角度的讲解很吸引观众，小讲解员也会因为观众的热情反馈而情绪高涨，收获志愿服务的满足感和讲解的成就感。合理的讲解调度安排，会让小讲解员既有收获，又保持体力和正向情绪，他们会更加积极地参与到博物馆的讲解志愿服务工作中来。

6.小讲解员培训营囊括了儿童管理、生活安排、课程开发、活动实施、信息发布、家长协调等多项工作，对于首次开展小讲解员培训营教育活动的基层博物馆，可以到小讲解员项目开展得比较成熟的博物馆学习取经，也可以采取外聘专家负责授课、本馆教育人员负责管理的方式开展教育项目。

7.加强活动的组织，确保工作安全。为了培训营期间学员们的安全，统一安排家长购买保险。在博物馆学习培训期间，及时消除各种安全隐患，确保小讲解员培训营活动圆满顺利。

第三章　儿童专属空间

　　博物馆里收藏的文物，铭记着人类文明的轨迹，是历史发展的见证，是儿童教育的重要资源。单一静止的展览根本无法吸引小朋友，博物馆应该为儿童提供一个满足身心和智力发展需求的专属空间。孩子们在专门为他们设计的环境和体验活动中，通过玩耍和探索学习，留下关于博物馆的美好回忆。这里有丰富多样的体验课程、生动活泼的教学语言、新颖趣味的教学方式，由视觉参观拓展为触觉体验。这是博物馆小观众的乐园。

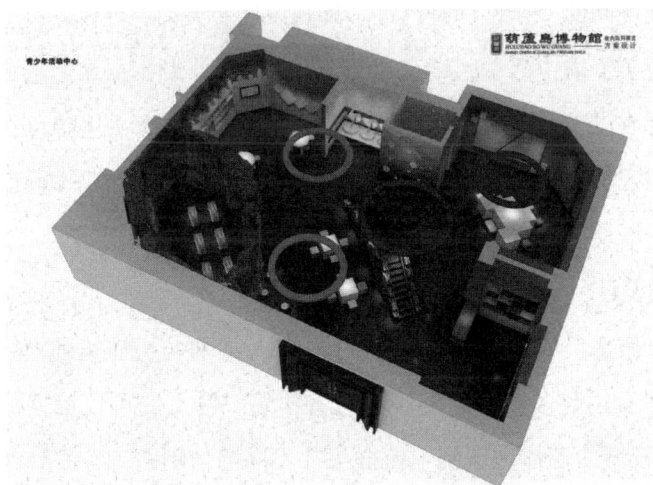

儿童活动中心设计图

项目：博物馆儿童活动中心

◎选址及规模：

博物馆展陈区三楼，建筑面积 279.2 平方米。

◎项目定位：

博物馆小观众的参与区；儿童动手实践的乐园；爱国主义教育的活动基地。

◎服务对象：

以 7—12 岁的小学生群体为主，4—6 岁、12—18 岁的少年儿童为补充。

◎项目的设计风格：

好奇、好动、好玩是孩子们的天性。我们要针对服务群体的特性对这个空间进行装修，尽量避免将活动区做成教室的样子，在设计上要尽量迎合孩子们好奇心强、爱玩好动的特性，设计时要充分考虑到空间的安全性和舒适性。外观设计要灵动、现代，符合青少年的审美需求，活动区域是半开放的，做成半圆形或多边形的功能分区。在装修设计时，突显博物馆的特点和本地文化特色，将长城、洞穴等历史符号巧妙地融入设计当中。总体思路是体验区神秘有趣，互动区舒适明亮。

◎空间设计：

1. 拓字长城。活动中心既然摒弃教室那种方方正正的模样，就要做得有情趣。在空间的中心位置，筑一座大的可以攀登的"长城"，长城的墙体由下到上镶嵌尺寸不同的仿制石碑，石碑的内容是与本地长城文化相关的文字内容。只要孩子们通过讲解和演示了解到拓片的基本方法，就可以随意在"长城"的任何位置拓出自己的作品。一座"拓字长城"就可以让他们认识长城，了解拓片技术，辨别各种字体，追溯汉字的起源。孩子们可以边学边玩，充满童趣。不但让孩子们学到了课本以外的知识，而且展示了葫芦岛丰富的长城资源。

2. 洞穴小剧场。以洞穴的形式，打造容纳 30 人的小型多功能厅。小剧场里面做成一个小舞台，并且配置高端的视频、音响设备。孩子们在这里可以听到退伍老军人爷爷讲塔山阻击战的故事，可以看到水下考古挖掘的纪录片，可以观看《穿越地心》的 3D 电影，可以根据历史小故事演出自编小型古装剧。

3. 陶器工坊。博物馆里有很多陶器，那它们是怎样做出来的呢？带着这种疑问到陶器工坊里亲自动手，从泥条盘筑法到拉坯法，在讲解员指导下做成各种形状的陶坯，到窑炉里进行烧制，最后再上色画上图案。陶器工坊在满足孩子们好奇心的同时又锻炼了他们的动手能力。

4. 互动乐园。互动乐园是儿童活动中心专门为散客观众提供的博物馆儿童教育体验区域，有绘本和墙面拼图两个活动项目。孩子们可以随意翻阅博物馆儿童出版物，通过墙面拼图认识博物馆的重要文物。

5. 小博乐课堂。葫芦岛市博物馆的小博乐课堂，为不同年龄、不同需求的儿童观众，定期推出系列博物馆课程。丰富多彩的教育活动，不仅为儿童观众提供了寓教于乐、互动性强的实践平台，而且拓宽了儿童的视野、培养了儿童的创新能力，同时树立了博物馆在儿童心目中的良好形象，保持了持续的活力和吸引力。

6.服务台。就是活动中心的信息发布区、沟通中心及活动基地的成果展示区。包括活动安排、预约活动、答询、收集反馈意见、兑换礼品等工作。大大的展示柜，将小朋友们参加活动的照片，小朋友写给博物馆的信、画的图画、优秀的手工作品都展示在这里。

◎解析：

意大利儿童教育学家蒙台梭利指出：儿童是在"外界刺激和帮助下"成长起来的，必须为儿童发展提供"有准备的环境"。庞大的儿童群体不但有着强烈的好奇心和求知欲，还是我们博物馆的潜在观众。博物馆以成年人为参观主体所设计的展览，对未成年人缺乏足够的吸引力，博物馆里开设儿童专区，给少儿开创一个学有所长、玩有所乐、身心参与、寓教于乐的新天地，将他们引进博物馆的大门。儿童专属空间必将是博物馆对外开放的一大亮点。

葫芦岛市博物馆儿童活动中心在开放期间受到了广大小朋友、家长和老师的欢迎，开放3个月就有1800多人关注了葫芦岛市博物馆官微的预约平台。儿童活动中心的博物馆体验课程预约火爆，一票难求。参与活动的家长纷纷表示，葫芦岛市博物馆给予了小观众特别的关注，从儿童导览手册、儿童展线到儿童活动中心和博物馆课程，这里成为小朋友也可以读懂的博物馆，从而让孩子们对我国优秀的传统文化、科学技术和艺术产生兴趣。家长们也呼吁，希望这个儿童活动中心能够一直开放，让更多的孩子参与进来，让孩子们在这里学得更多，有更深刻的体验。

◎策略：

一、设计方面需要注意的一些问题

1.儿童活动专区的设计和施工，装饰材料的使用，都需要符合儿童学习和活动的特点，颜色明朗、无毒、环保、设施牢固安全。尽量避免隔断墙的设计，每个功能区的空间有限，既要保证它的独立性，又不会让空间过于局促和压抑，保证儿童活动的动线上无障碍。

2.儿童活动专区要合理统筹专用仓库、上下水管、洗手台和家长休息等候区的设计，考虑到防滑的安全性因素，地面尽量使用防滑地胶。

3.可以移动的桌椅和展示架也是儿童活动专区的必选项，为教育活动和展示提供便利。

4.墙面的设计要适当留白，为活动的宣传海报预留足够的空间。

二、活动安排和注意事项

1.定期举办各类动手实践及艺术启蒙活动。旨在提升孩子们的动手能力，培养孩子们的审美情趣。

2.参与学校教育，充分利用活动基地，在周一至周五可以将活动中心作为中小学校历史课、手工课甚至是音乐、美术课的教室。作为课外爱国主义活动基地，可以组织中小学生集体到活动中心听故事、听讲座、看爱国主义影片，接受爱国主义教育。

三、活动须知

1. 为营造安全舒适的活动环境，儿童活动中心瞬时客流量上限为 50 人次，超过此流量将暂停入场。

2. 所有活动均须预约。

3. 未成年人参加活动须由监护人陪同，幼儿组家长在活动区陪同，少儿组家长在休息区等候。

4. 请将饮料、食品留在背包里，自觉爱护公共设施。

5. 在活动区域保持安静，认真听从指导老师讲解。

6. 请妥善保管好自己的物品。

7. 如遇突发情况，请听从现场工作人员指挥，按指定路线撤离。

四、儿童参观指南

导览服务：本馆免费为散客提供定时导览服务，为儿童团队提供专业导览服务需预约。儿童观众请到导览台领取儿童导览图。

儿童活动中心：在双休日和节假日开展免费活动，活动需预约，到三楼活动中心服务台参加专题活动。

活动内容和时间以儿童活动中心公布的信息为准。

五、空间选择

中小博物馆可以根据本馆的自身条件，开辟儿童活动专区，儿童活动专区可以选择一个固定的物理空间，也可以是临时的活动区域。大连博物馆有个很好的经验，在展览的结尾处开辟一个临时空间，专门开展儿童教育活动。葫芦岛市博物馆也曾在临时展览中开辟儿童教育体验专区，效果也很好。但需要控制预约人数和时间（错峰）。

课程：拓字长城

◎课程类型：

常设体验活动

目标：

1. 了解中国古代传统工艺——拓片；

2. 了解葫芦岛境内长城相关石刻、石碑内容；

3. 亲手制作拓包；

4. 体验拓片技艺；

5. 亲子活动，与家长协作完成拓片。

◎活动对象：

7—15 岁小朋友及家长

◎活动时长：

60 分钟

◎准备材料：

墨汁、宣纸、喷壶、棉花、绸布、绳、抹布

◎课程内容：

一、介绍葫芦岛地区长城石刻

欢迎大家一起来玩拓字长城。当我们翻开中国的历史，就会发现，中国古代文人十分爱好刻碑、读碑。古人通常将历史事件，或者是自己的诗文摹刻在山石之上。在明长城资源调查中，我们葫芦岛地区发现了 3 处具有重要研究价值的文物——石刻，分别为鼓山长城题刻、椴木冲楼题铭记碑和将军石摩崖石刻。鼓山石匣口长城是横跨河面修建的，在河对面的山崖上有一处石刻，刻于明万历元年（1573）。这方石刻已经有 450 年的历史，为阴刻楷书，竖刻 17 行，共计 147 字，记录了石匣口长城修筑工委官员们的名字。将军石摩崖石刻为明代隆庆元年所刻，记录了明代永安堡长城修筑的工委官员。椴木冲楼题铭记在椴木冲长城敌台西侧的墙体上，保存较好，所记载的内容为研究辽东镇长城具体修建年代提供了重要的实物资料。这些石刻记载的信息，正是修建这段长城的历史。

二、引出问题

此前关于辽东镇长城的碑刻很少发现，这 3 处新发现的石刻为研究明代辽东镇长城提供了全新的实物资料，具有重要意义。那么问题来了，博物馆的叔叔们想要研究石刻上的内容，该怎么办呢？小朋友们快来想想办法。那个小朋友很聪明，提出可以用照相机或手机给它拍下来。那在没有发明手机和照相机的时候，还有石刻被风化得很严重，根本看不清的时候，人们是怎么做的呢？

三、介绍传统的拓字工艺

老师今天就要教给大家一门古老的技艺——拓片制作。我们将石刻上的字，用墨汁拓下来，就可以方便携带和研究了！

"拓"是个多音字，用在"拓片"这个词里念 tà。拓片制作技艺发明于魏晋南北朝时期，传承至今已有 1000 多年的历史，历史久远，作为一种复制和保存文献资料的方法，被普遍运用在金石文字及其图像的复制上，它为我们保留了无数珍贵的文物、文献资料和书法艺术资料，是中国古代重要的发明之一。有专家考证，拓片还是四大发明之一印刷术的先驱呢。在古代没有印刷机、复印机等现代设备，无法大量复制图文资料和书法名作，于是，聪明的中国人就把纸上的图文刻成石碑、再制作成拓片，就像我们现在用复印机一样，就可以很容易地复制传播了。

拓片还有另一种功用，就是把容易损毁的碑石、青铜器、陶器、钱币等各种古代器物表面的字迹、纹饰原样保留下来，即使原物已不存在，它上面的信息也能以拓片的形式流传后世。因此拓片成为记录真实历史、传承书法艺术的重要途径，在历史上曾经被广泛运用。制作拓片的方法有很多，表现形式也不尽相同。因所用的墨色不同，分为墨拓、朱拓、彩拓等品种；而通过不同的拓印手法，拓片成品又分为蝉（chán）翼（yì）拓、乌金拓两种。

这次我们就简单介绍一下蝉翼拓吧。

需要的材料和工具有毛笔、墨汁、扑子（又叫扑包）、打刷、排笔、白芨（jī）水、石碑、鬃（zōng）刷、吸水纸、龟纹宣纸。白芨水是用一种中药（白芨）熬煮或沸水浸泡的溶液，无色透明而微有黏性，作用是在拓印过程中防止宣纸翘起或移动，同时不会损伤纸张和碑片。

◎具体的步骤：

1. 用排笔蘸取少量白芨水，均匀地刷在石碑上。

2. 将龟纹宣纸由一端开始慢慢置于石板上，同时在龟纹宣纸上再刷一层白芨水。

方法是边放纸边刷白芨水，放纸速度与排笔速度同步将纸贴在石板上，以防产生气泡影响作品效果。在使用排笔时尽量注意使排笔立起，小心不要将纸刮破。蘸白芨水用纸边将石碑的边沿包上，避免拓片过程中龟纹宣纸扬起。

3. 将吸水宣纸放在已刷好的龟纹宣纸上。

4. 使用鬃刷从中间向两边刷吸水纸，以排除气泡和多余水分。注意不要刷到龟纹宣纸上，以免刷破龟纹宣纸。

5. 轻轻揭下吸水宣纸，放在一旁。并用新的吸水宣纸重复上一步骤若干次，直至龟纹宣纸上的水分被吸干显现出干燥状态。

6. 用打刷以垂直角度按一定顺序敲打吸水宣纸。并继续吸水，排出气泡。拍打过程要均匀用力，将石碑的凹线打下。随着拍打，碑纹逐渐显现了出来。

7.拍打结束后（整个石碑的凹线全部被打出），揭下吸水宣纸。最终等龟纹宣纸全部干燥，即可进行下一步骤。

8.扑子又叫扑包或拓包，是用棉花、绸布和细绳绑扎做成的，是拓印时上墨（上色）的主要工具。用毛笔在扑子上涂少量墨。

9.将两个扑子相互敲打摩擦，使墨均匀。

10.按顺序轻轻拍打龟纹宣纸上墨。

在上墨的过程中，每用扑子拍打一次宣纸后，再将两个扑子拍打摩擦一下，以保证扑子上持续有墨。上墨开始时尽量用没有直接被毛笔涂抹墨汁的扑子拍打，以防止由于墨量太大或不均匀导致印坏。

重复以上步骤若干次，直到石碑上的龟纹宣纸均匀变黑达到我们想要的效果为止。

11.由石碑的一侧小心地揭下龟纹宣纸，一幅成功的拓片作品就这样成功了。

四、制作拓包

拓包：两个。用绸布包棉花，扎紧成蒜形，上端绸布结成手把，下端形成扁圆状，即成拓包，其质应略硬且富弹性者为佳。一个蘸墨汁，拓印用；另一个用于调节拓印拓包上墨汁的干湿浓淡程度，均匀墨色。使用多次以后，布面玷污或穿洞，即需清洁或重制，否则拓本上会墨点斑斑。

五、拓字体验

教育员重新设计的简化操作步骤：

1.根据不同的石碑尺寸，选择不同规格的宣纸。

2.用喷壶将石碑打湿，注意水雾喷洒量少且均匀，用抹布擦拭多余水分。

3.把纸平铺在碑上，要用干抹布把纸刷平。

4.待纸稍稍晾干后，才可以开始拓碑的工作。

5.拓碑者双手拿拓包，一个上些墨，双包打匀，按顺序有节奏地轻轻拍打，切记不要在一个地方拍打太重，以防往下渗墨。

6.看到了清晰漂亮的白字体露出，拓碑就完成了。

7.最后一步就是把拓好的宣纸揭下来，晾干。

小朋友们，快请爸爸妈妈帮忙，到拓字长城上去试试身手吧！

六、总结

大家都完成了拓字作品，现在要考考你们：认识宣纸上的字吗？这些石刻都记载了什么呢？

1.第一组是隶书的长城八大关。分别是山海关（河北省秦皇岛市）；居庸关（北京昌平）、紫荆关（河北易县）、雁门关（山西省代县）、娘子关（山西省平定县）、偏头关（山西省忻州市偏关县）、嘉峪关（甘肃省嘉峪关市）和玉门关（甘肃省敦煌市）。

2.第二组是"德州秋班营制"，这是绥中段长城的城墙上筑砖的文字，标明了城砖的烧制单位。

3.第三组是"万古擎天"和"永镇关辽"，是葫芦岛将军石摩崖石刻。

4.第四组"永安门"和"镇夷台"，是葫芦岛境内长城城墙上的门额。

今天的课程就结束了，小朋友和家长们亲自动手拓字，玩得开心吗？开心之余大家也要记得石刻、石碑都是珍贵的历史遗存，我们见到了一定要保护它们呀！在我们二楼的展厅里也有碑拓，还有长城的故事，欢迎小朋友和家长们一起去参观。

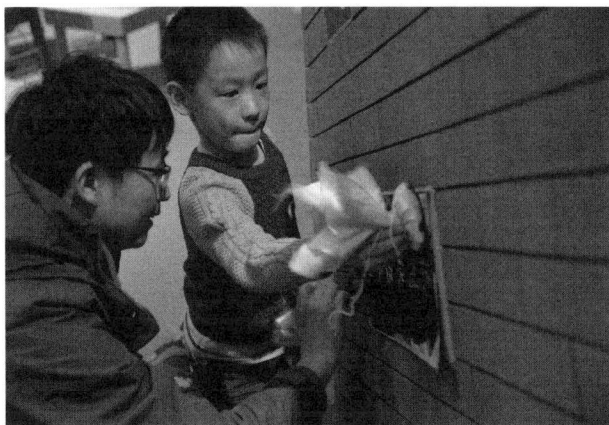

◎解析：

　　"拓字长城"是葫芦岛市博物馆儿童活动中心的一个常设体验项目。拓片作为中国传统文化的一个重要门类，它对中国传统文化的发展起到了一个至关重要的作用。它作为中国传统文化的一种载体，在历史上曾经起到了非常重要的作用。古时候，孩童从启蒙时就要练习写字，写字的第一步就是临帖，所以这种法帖、碑帖、拓片在古人眼里是非常珍贵的。对于儿童和家庭观众来说，能够与孩子一起学习石碑拓字，利用宣纸和墨汁，将石碑上的文字和图案清晰地拷贝下来，是多么有趣的体验呀！从拓片中了解关于长城的相关知识，又是多么有意义的经历呀！"拓字长城"体验活动，不仅孩子们玩得不亦乐乎，家长也是沉醉其中。有位家长朋友热情地与我们分享说："我小的时候就愿意玩拓字，可是一直没机会，今天可算是实现了。"在活动中，我们也欣喜地发现了亲子陪伴的一些变化，父亲更愿意陪伴孩子参与体验式活动项目。

　　亲身体验拓碑技艺，了解长城文化，通过这个亲子拓碑活动，不仅让孩子和父母在共同学习、共同体验的过程中感受了爱和快乐，而且可以通过传承非物质文化遗产、弘扬中华优秀传统文化和技艺，促进对传统文化的感受认知，获得美好的博物馆教育体验，拉近少年儿童与博物馆的距离，从而实现博物馆的公共教育职能。

◎策略：

博物馆儿童教育体验活动可以分为常设活动和临时活动两种。常设的体验活动是为博物馆长远的儿童教育目标服务，能够体现本馆收藏特色，是博物馆儿童教育重要学习内容，且长期开放的体验式活动项目。临时活动是为某一教育目标、主题或临时展览设计的，有时效性的单项体验活动。常设的儿童教育体验项目应具备可持续性和本馆教育特性两个基本原则。

1.博物馆儿童教育活动的可持续性，体现在教具的使用时限和课程的可操作性两个方面。首先，一个教具的使用周期，决定了这项教育体验活动能否持续地开展下去。以拓字课程为例，墨汁、宣纸和拓包是低值损耗材料，可以随时补充。石碑作为课程的主要载体，在课程中起到关键的作用。因此，在课程策划时，石碑上的文字内容、尺寸都要符合教育内容的设计，以便实现教育目标。石碑与教育环境的融合、空间和动线设计，包括空间清洁也需要事先考虑周全。其次，课程的可操作性也决定了这个项目是否能够长期开展。还是以拓字课程为例，传统的拓字技艺非常复杂。首先体现在工具材料方面，传统的蝉翼拓需要毛笔、墨汁、扑子（又叫扑包）、打刷、排笔、白芨水、石碑、鬃刷、吸水纸、龟纹宣纸等。这些专业的工具和材料不但难寻而且价高，白芨水还需要事先熬煮，无形中增加了教育活动的运营成本。其次，体现在操作工艺方面。传统的拓印步骤繁缛、操作复杂，对操作水平要求较高，对于完全没有经验的观众来说，操作难度过高。那么，如何解决拓字课程的可操作性问题呢？答案是改良工具材料和简化操作程序。我们重新规划课程目标，不是要求学生和家长拓出一张多么完美的拓片作品，而是体验拓字技艺的过程，感受古人的智慧。通过大量地查找资料和不断地试验，终于利用简便的工具和简单的操作方法实现了黑纸白字的复制方法，为儿童和家庭观众复刻了拓字的体验。

2.以"拓字""碑拓""拓印""拓片"为学习内容的体验课程在很多博物馆都有开设，如何体现出本馆的教育特性呢？每个博物馆所处地域的人文历史、收藏特色都有不同，从本质上来说，这些馆藏资源特色就是博物馆儿童教育活动的特色。博物馆儿童教育活动的常设项目要充分挖掘，利用本馆的藏品优势，实现文物藏品的教育价值。以"拓字长城"项目为例，拓字技艺是体验性非常强的非物质文化遗产项目，改良后的拓字课程无论是从工具材料成本，还是操作流程方面，都很适合开发成儿童教育活动。葫芦岛地区有着丰富的长城文化资源，长城上的石刻、碑刻是非常有价值的学习资源。两者的结合，使"拓字长城"的教育内容与载体完美结合，突出了葫芦岛市博物馆拓字课程的鲜明个性。"拓字长城"课程给儿童教育从业者一个启示：一个合适的体验性的传统技艺＋本馆与之相匹配的藏品资源＝一个可操作的常设儿童体验项目。

课程：陶艺小匠人

◎课程类型：

常设体验活动

◎目标：

1. 体验陶艺拉坯；

2. 感悟中国古代匠人精神；

3. 了解中国陶器发展的历史。

◎活动对象：

7—15岁小朋友

◎活动时长：

60分钟

◎准备材料：

拉坯机、陶泥、修坯工具、海绵、割线、铲子、围裙、水盆

◎课程内容：

引言：

小朋友对陶器、瓷器并不陌生吧？陶瓷器存在于我们日常生活的每一个细节：吃饭用的碗，喝茶用的茶杯，插花的花瓶，等等。你们知道吗？在古代，人们还没有发现制造瓷器所需瓷土的时候，人们是使用比较粗糙的陶土制作生活用具的，进而产生了陶艺这门艺术。现在，陶艺课是一门趣味性、创造性、知识性和实践性极强的科目，在陶艺的制作、装饰和烧制的过程中，渗透了许多学科知识与技能，它是科技与艺术的综合体现，被称为"土与火的艺术"。陶器在我国已有近万年的历史，而今，亲手制作陶艺已经成为人们工作学习之余放松精神、释放自我的又一休闲方式。小朋友，你也想亲手体验一下陶艺拉坯的乐趣吗？那就跟着老师来一起体验吧。

一、介绍材料、工具以及使用方法

1.拉坯机：也称轱辘车，是手工拉坯的主要动力设备，用它可以制作出同心圆的陶瓷造型，还起到修坯等作用。现在使用的拉坯机多为电机转动，通过脚踏板来控制转速。

2.拉坯材料：陶土、水。

3.拉坯工具：铲子、海绵、割线。

4.修坯工具一组。

二、制作工序

1.揉泥：揉泥是做陶前的热身准备活动，是寻找泥感的一种最基本的方式。

贴士：揉泥的目的有三点。

①使泥料中的水分均匀。②增加泥料的密度，使其有可塑性。③排出空气，防止烧制时起气泡。

2.定中心：取揉好的一块泥投掷于拉坯机中央。

打开拉坯机，调到匀速。将双手打湿，往泥块上沾少量水。用双手将泥块向中心拍打。用左肘顶住左腿，使整个身体用力把泥块固定在中心。

贴士：这一步骤很重要，相当于盖楼时要打好地基。

3.初步塑形：

拔高：用双手夹住泥的两侧匀速向上拔，要保持泥的稳定。

开口：用双手拇指向下按出孔，并逐渐扩大。

拔筒：将右手手指并拢，用力向下钻出洞，同时左手护住泥保持稳定。

4.精细塑形：通过双手的伸缩对泥筒进行造型。

①盘状：靠双手把泥压平。

②碗状：内部掏空后，把壁打平。

③罐状：内部掏出后，成直立状。

④瓶状：内部掏空时要留出瓶肚。

5.取坯：用手指平稳平底足台，除去多余的黏土。拉坯机减慢速度，双手平行轮盘拉紧割线，轻轻靠近并嵌入底足部位约三分之一处，左手松开让割线卷入，拔出割线。关闭电源，双手中指夹住坯体根部轻轻托起。

6.修坯：拉坯完成后，需要进行晾坯，当坯体半干半湿的时候，进行修坯。目的是去掉坯体多余的部分，控制坯体的薄厚，能够达到所需的造型。

7.上釉：分为喷釉、荡釉、刷釉等方式。

8.烧制：将修坯完成的作品放入电窑中烧制。入窑焙烧是制陶器的关键工序，烧成温度一般为800℃—1000℃。

烧制完成后，一件完整的陶艺拉坯作品就在我们的手中诞生了！

◎解析：

陶瓷玩具的制作并不容易，从陶泥的揉捏、拉坯塑形、黏合手法，到釉彩的喷绘，直至烧制温度的调控，每一步都决定着最后的成品效果。该课程不仅能增强孩子们的动手能力，更在于烧制陶瓷器过程中，学习古代匠人精益求精的态度和品质，感悟匠人精神。

青少年时期，是长身体长知识的重要时期，也是世界观与人生观形成的重要时期，是人生的重要阶段，正确的引导和教育对他们的影响是至关重要的。对于青少年儿童，博物馆课程需要将知识教育与人文情趣、人文关怀相结合，激励少儿用其心、用其手直接思考和参与，促使他们在参与活动中发挥想象力和创造力。

◎策略：

1.这项体验活动对教育员的要求非常高，不但要熟练掌握拉坯和烧制技艺，还需要解决学员体验过程中遇到的各种问题。利用儿童活动中心的多媒体设备重复播放陶器制作的工艺流程，可以缓解现场指导压力。

2.陶艺体验课程可以拆分成2—3个子课程，一是陶艺制作需要晾干和烧制的工艺需要，二是体验时间和制作精细程度的适度要求，三是增加家庭观众的博物馆回访率。

3.在体验活动中强调正念引导，当学员们抱怨和丧气时，给他们讲解工艺分工，鼓励他们回忆和讨论展厅里精湛的陶瓷器，联想到古代工匠精神，讴歌中国人的智慧和审美。用感悟工匠技艺体验，娓娓讲述文化力量，其对儿童所起到的潜移默化的教育和影响，是树立品格、开发智力、寓教于乐的最佳教育形式。

课程：青铜器上的小怪兽

◎课程类型：

小博乐课程

◎教育目标：

1.认识青铜器上的饕餮纹；

2.动手设计制作艺术小怪兽。

◎活动地点：

博物馆三楼儿童活动中心

◎活动时长：

30分钟

◎活动对象：

4—6岁小朋友及家长

◎工具：

手指画颜料、白纸、彩色卡纸、水彩笔、剪刀

◎课程内容：

小朋友和家长朋友们好！欢迎大家来到葫芦岛市博物馆儿童活动中心小博乐课堂玩艺术，今天，我们要为青铜器设计一只小怪兽！

互动：有没有小朋友愿意告诉我，你们心中的小怪兽长什么样子呀？

小结：老师总结了一下，小朋友心目中的怪兽呀，都长着大大的眼睛和大大的嘴巴，还有长长的牙齿，大家仔细看看，和这些图片上的怪兽长得像吗？

介绍：看，这两张文物图片上的怪兽都有大眼睛和大嘴巴。以鼻梁为中线，两侧作对称排列，成兽面形象，大眼、有鼻、双角，通常没有下唇。大家知道吗？在很久很久以前，有 5000 年那么久，古人就设计出了这种怪兽，还给他起了个名字叫饕餮（tāo tiè），是一种想象中的神秘怪兽。青铜器常见纹饰，为一种图案化的兽面，故也称兽面纹。这种怪兽没有身体，只有一个大头和一张大嘴，十分贪吃，见到什么吃什么，贪吃到连自己的身体都吃光光了，所以其形一般都有头无身。那古人们为什么要设计这么可怕的怪兽呢？古人们通常都把它放在青铜器皿上，这些器皿都是装吃的东西的，就是警告人们呀，不要贪吃，不能贪婪。

引导：看到这里，老师想问问小朋友，饕餮可怕不可怕呀？你们喜欢它吗？

嗯，老师也不怎么喜欢它，现在就请小朋友和爸爸妈妈重新设计一下可爱的小怪兽吧！

动手步骤：

1.先把稀释好的手指画颜料一点一点横着挤到彩色卡纸上，注意不要挤得太均匀呀！

2.然后把纸拎起来，让颜料自然往下流。

在晾干小怪兽的时候，给小怪兽做出眼睛和嘴巴。

五官不要做成一样的哦。怎么看起来才不那么凶呢？

等颜料干了以后就可以把眼睛、嘴巴贴上去了。

3.小朋友可以做几只不同颜色的小怪兽。

哇哦，小朋友的怪兽都做好了吧，是不是萌萌哒！

4.小朋友还记不记得博物馆的大怪兽叫什么呢？对，叫饕餮，现在我们就和爸爸妈妈给我们的小怪兽起名字吧！

总结：古人创造饕餮怪兽是为了警告人们不能贪吃，不能贪婪。下次小朋友想吃多多的冰淇淋和炸鸡快餐的时候就想想我们的小怪兽吧！

今天的课程结束了！小朋友玩得开心吗？告诉小朋友一个秘密，葫芦岛市博物馆中厅的那只大鼎上呀，就有一只饕餮大怪兽，快去跟爸爸妈妈一起找找看吧！

课程：制作小怪兽钥匙扣

◎课程类型：

小博乐课程

◎教育目标：

1.认识饕餮纹；

2.简单了解辐射交联聚乙烯材料；

3.动手设计制作小怪兽钥匙扣。

◎活动地点：

博物馆三楼儿童活动中心

◎活动时长：

50分钟

◎活动对象：

7—12岁小朋友及家长

◎工具：

热缩片、彩铅、剪刀、热风筒、纸

◎课程内容：

导语：小朋友们，大家好！最近的热播电视剧里出现中国古代四大凶兽，你们都看了吗？其实在博物馆中的怪兽可是比电视剧中的更多、更生动哦！博物馆中青铜器上面的饕餮纹留存了最古老的样子，是最"原汁原味"的。

上课之前呀，我想跟大家分享一个秘密，我小时候特别害怕大怪兽，所以呀，不敢到黑的地方去，不敢自己睡觉。我妈妈问我：大怪兽长什么样子呀？我想了想，或许它的嘴很大，或许长着绿毛，我其实也不知道它什么样子呢！你们有过相同的经历吗？有没有小朋友愿意告诉我，你们心中的小怪兽长什么样子呀？

嗯，老师总结了一下，小朋友心目中的怪兽呀，都长着大大的眼睛和大大的嘴巴，还有长长的牙齿，大家仔细看看和这些照片上的怪兽长得像吗？

饕餮纹解读：

1. 出示一张20元人民币纸币。在这张纸币的正面，"中国人民银行"和"20"数字之间的花纹里就能辨认出一个人头形状的怪兽形象，最突出的就是它大大的眼睛和头上的尖角。这是什么图案呢？

2.PPT 显示青铜器局部和拓片上放大的饕餮纹。

看，这个怪兽有大眼睛和大嘴巴。以鼻梁为中线，两侧作对称排列，成兽面形象，大眼、有鼻、双角，通常没有下唇。它名字叫饕餮，是古人想象中的神秘怪兽。青铜器常见纹饰，为一种图案化的兽面，故也称兽面纹。

3.青铜鼎上的饕餮纹。

古人融合了自然界各种猛兽的特征，同时加以自己的想象，来设计饕餮的形象。青铜器上的饕餮纹大多是这样的形象：有一个正面的脑袋，对称的双角、双眉、双耳向两侧铺展开来，还有鼻、口器官。兽的面部巨大而夸张，装饰性很强，常作为器物的主要纹饰。饕餮纹最早出现于 5000 年前长江下游地区的良渚文化玉器上。既然饕餮是古代神话中的凶兽，为何常常出现在青铜器上？袁珂在《中国神话传说词典》中写道："饕餮好饮食，故立于鼎盖。"意思是说饕餮具有贪吃的特性，放置在用来烹煮食物的鼎器上最适合不过，用以警示世人，勿过分贪图逸乐。马未都的观复博物馆网页上对此也做出了一番解释："古人将饕餮雕饰在青铜器物上，主要是突出其贪吃的习性，借此告诫儿孙克制欲望：饕餮食人无厌以至于把自己也吃掉了，开创了大饼卷手指头自己啃自己的餐饮模式。"

看到这里，老师想问问小朋友，饕餮可怕不可怕呀？你们喜欢它吗？

嗯，老师也不怎么喜欢它，现在就请小朋友和爸爸妈妈重新设计一个专属的小怪兽吧。那么，我们为什么要设计一个小怪兽呢？因为我们要打败它！

制作小怪兽的材料是热缩片，它是辐射交联聚乙烯材料。这种材料的用途可多了，它制成的多种热缩制品经加热收缩而紧紧包覆在物体上。大家知道吗？海底管道的接头焊口和弯头密封与防腐就是用它包覆的。用它做成钥匙扣，小朋友就会看到，一遇到热风，小怪兽就变小了。这热风就是我们的勇气和力量，看到自己的小怪兽，我们就变成了有超能力的无敌英雄，终会战胜任何困难和胆怯。大家看看我的专属小怪兽，它叫黑黑，自从有了它，我再也不怕黑了！

动手做：

1. 在纸上设计一只小怪兽草图；

2. 在热缩片上描下图形，给小怪兽涂色并剪下来；

3. 热风筒吹制，热缩片缩成 1/4 大小；

4. 穿上钥匙环，钥匙扣制作完成。

分享展示：

1. 给大家展示自己的作品；

2. 讲讲自己的小怪兽叫什么名字，它象征着什么，或者给它编个小故事。

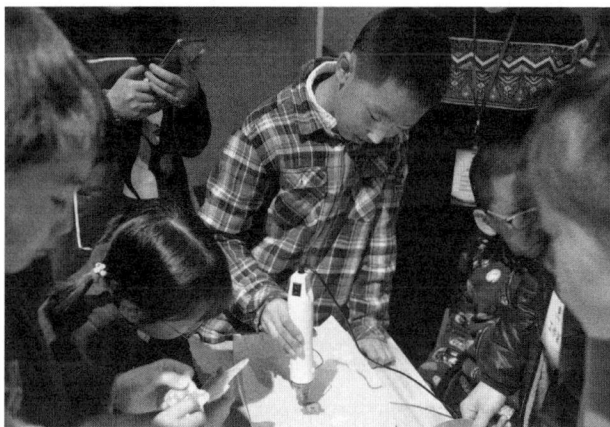

◎解析：

"青铜器上的小怪兽"和"制作小怪兽钥匙扣"是针对不同年龄阶段儿童分别设计的"寻找博物馆中的小怪兽"为主题的亲子教育活动。通过让小朋友寻找博物馆中文物上的饕餮纹，了解饕餮纹的历史由来、发展演变及其背后反映的文化特色，激发孩子们对兽纹文化的兴趣。在制作钥匙扣的过程中，孩子们沉浸在与父母共同动手的快乐之中，不断地发出"好神奇呀"的惊叹，有的小朋友则骄傲地说："我回去一定要写一篇作文记录下来，这太有意义了。"在活动结束之后，家长们也对博物馆的亲子体验活动赞不绝口，纷纷表示平时工作比较忙，难得有时间陪孩子，而博物馆为他们提供了机会，宽阔的场地、专业化的指导、细致耐心的服务……这些在其他的地方都是难以实现的。

博物馆突破以运动类游戏为主的传统亲子教育模式，充分利用资源优势，以反映人类文明进步的文物为教育载体，以浓厚的历史、科普知识为依托，既展示传播了历史文化，又保留了亲子教育的特征，让孩子和家长在寓教于乐中获得情感与知识上的双重满足。

◎策略：

1.按照年龄特征设计体验课程，可以兼顾到不同年龄段小朋友的兴趣爱好。同龄孩子们在一起大胆探索、自由交流，充分体现他们自我的创造能力、交流能力和动手能力，让孩子们获得美好的博物馆感受，拉近少年儿童与博物馆的距离，从而实现博物馆的公共教育职能。

2.通过参与这些亲子体验项目，培养父母与孩子之间的默契和情感。孩子的成长始终离不开家长的陪伴，博物馆可以为了增进家长与孩子的情感交流，培养孩子的沟通能力，促进孩子身心健康成长，激发孩子的创作潜能，有目的地开展亲子体验活动。亲子教育项目也体现了博物馆教育具有灵活性、开放性和包容性的优势。

3.多种材料在博物馆课程中的创新应用，创造新奇艺术体验，可以提升学龄儿童观众对历史文化的兴趣，增强家长和孩子对传统和文化的了解，实现博物馆的社会教育实践功能。

课程：远古的火种

◎课程类型：

小博乐课程

◎教育目标：

1.创新课程模式，将体育、戏剧等教育元素引入到博物馆课程中，增加儿童的体验感；

2.培养孩子的责任感、合作意识以及解决问题的能力；

3.促进亲子关系融洽。

◎课程概述：

针对学龄前儿童的体育戏剧课程。孩子们在教育员（专业幼儿艺术体操教练）的带领下，通过穿越到杨家洼遗址中，逐步深入场景，完成各种关卡的考验，学习古人如何发现自然火，利用火改善生活的历史，了解火是如何开启了人类的文明之旅。孩子们利用想象力走进远古时代，在博物馆课程中解放身体、释放天性，鼓励孩子们通过讨论，合力解决戏剧课程中设定的各种问题。

◎活动地点：

儿童活动中心

◎活动时长：

50 分钟

◎活动对象：

4—7 岁小朋友及家长；

8 组亲子家庭（选择一名家长参与，最好是爸爸）

◎道具与材料：

体操专用练习垫子、体操套环、干草、道具火盆

◎注意事项：

1.活动中有剧烈运动，请观众根据自身健康程度，酌情报名参与。

2.活动时，需要穿着轻便舒适的衣服，尽量避免裙子和流苏装饰。

◎教学过程：

（一）破冰 + 热身

参与活动的 8 组亲子组合互相陌生，为了保证孩子们在课程中的全情投入，在开始阶段要给孩子们建立安全感，让孩子和爸爸们放松下来。首先，教育员会让大家围成一个圈坐下来，然后依次进行简单的介绍，例如："小朋友和大朋友你们好，欢迎大家来到博物馆探险，现在我们就是一个村里的人啦，我就是你们的村长妈妈，现在告诉我你们的名字，等下行动时我才知道怎么称呼你呀！哪个小朋友先来，请举手！"（在这个阶段，我们鼓励孩子发言，同时也尊重孩子沉默的权利，如果发现孩子不想说话，就请他的家长代为介绍。注意避免孩子的消极情绪。）"谢谢小朋友和爸爸们的介绍，现在村长妈妈知道你们叫什么了，浩浩、小哲、米粒……很

开心等下我们要一起探险，现在大家都站起来，我们一起跳个舞吧！"教育员带领亲子组合，开始"健康歌"舞蹈热身。

（二）游戏 + 情境引入

随着欢快的曲调和简单的动作，孩子们明显放松下来，开始观察其他亲子组合，这时就可以进入游戏环节，在游戏中引入这次活动的戏剧情境。

故事是这样开始的……

在 9000 年前有个地方叫杨家洼，是东北地区新石器时代最早居住地之一。这里生活着一群古代先民，他们穿着兽皮，住着小小的茅草房子，靠打猎和摘果子为生。虽然他们经常吃不饱，还要躲避野兽的偷袭，但是他们生活得还挺开心，偶尔也会玩游戏（带着小朋友玩亲子游戏）。

1.模仿游戏：树和石头、高高的树上结苹果、公主抱、背对背拥抱、摇船。

"树和石头"游戏。教育员分别示范一个代表"树"的动作，要求身体起立，双臂贴耳向上举，双手心贴合，右腿屈膝，脚底贴靠在左腿肚，保持平衡。一个代表"石头"的动作，要求身体面向"树"侧卧地面，双臂环抱双膝。游戏规则：当教育员发出"大树小石头"命令时，家长要做出"树"的动作，孩子做出"石头"的动作；当教育员发出"小树大石头"命令时，孩子做出"树"的动作，家长做出"石头"的动作。8 组亲子组合自然分成两队，动作迅速且完成度高的队获得胜利。

"高高的树上结苹果"游戏。家长代表树，孩子代表苹果，分别站在场地的两端。当教育员发出"高高的树上结苹果"口令时，孩子要以最快的速度冲向家长，家长可以用各种方式把孩子"举高高"。游戏规则：每个亲子组合都有自己的编号，教育员随机喊出3组以上编号发出口令，例如"1、3、5、2高高的树上结苹果"，先举高的一组获胜。

两组游戏通过亲子间亲密的互动让孩子建立了稳定的安全感，体育运动特有的促进多巴胺分泌功能，使孩子们对接下来的挑战跃跃欲试，有能力独立完成下阶段的课程。"孩子们，接下来的旅程需要小村民们齐心合力共同挑战了，大家有没有信心取得胜利！"（请家长到活动场地外等候）

2. 柔韧拉伸

少儿体操的专业拉伸动作。

通过课程内容增加剧情。

第一阶段

突然有一天狂风暴雨（身体不停地像海洋波浪一样摇摆），在大雨中小朋友们发现了一个山洞，但是小朋友所站的位置离山洞还有一些距离，那小朋友怎么过去呢？（老师教会孩子们利用熊爬、螃蟹爬、铅笔滚、企鹅走、平衡木、滚筒爬等形式走到山洞）（不断重复训练几次）翻山越岭历经险境终于到达了山洞。

第二阶段

小朋友们到达山洞之后，身上的衣服都湿透了，身体冻得瑟瑟发抖，这时，其中一个小朋友在地上的角落里发现干草和火盆，他们疑惑地看着这些东西。这时，天空中一道闪电劈中了地上的稻草，稻草燃起了小火苗。他们围坐在火苗旁，感觉很暖和。但是很快，火就熄灭了，正在发愁的时候，天空中的闪电又一次劈中了干草，火苗唰地一下就亮了起来。（小朋友如何让火苗可以一直燃烧不断并保护火苗呢？小朋友开始思考……）在思考的过程中，小朋友们进行体能训练（俯卧跳、开合跳、平板支撑）。运动可以增加大脑细胞的活跃度，思考的效率更高。

（三）戏剧＋团队合作

通过运动之后（围坐在一圈），让小朋友们发言如何保护火苗。（发言中……）通过不断地添加稻草，让火苗一直燃烧。（所有的小朋友去寻找稻草、木头以及可以燃烧的东西）

（四）交流与总结

结语： 小朋友们通过肢体、智慧、团结、勇敢发现了火种，并保护了火种。火真是大自然给予人类的礼物呀！人们终于可以吃烤熟的食物了。野兽也怕火，燃起火把，最厉害的老虎也不敢靠近了呢！火的用途真的有好多呢！但是大家也要记得，火也很可怕，火也会烧伤人类，烧出的烟雾也会伤害人类，古人克服了很大的心理恐惧，冒着很大的风险才把火带回了山洞。后来，先民们又发明了钻木取火、向日取火等多种形式，打开了人类使用"火"的新篇章。

课程回顾与评价： 教育员点评小朋友的表现，找到每个孩子在活动中的优点。"大家都特别棒，是我们齐心合力共同完成了这个超级大任务！"

舞蹈收尾： "孩子们，让我们为自己鼓掌，跟村长妈妈一起跳舞吧！"所有的小朋友都非常高兴。（放音乐欢快地跳舞）（音乐：哇咔哇咔）

课程反馈： 课程结束后，教育员会照例将小朋友送到儿童活动中心的大门口，并与学员和家长就课程进行沟通，希望通过小学员和家长的反馈对课程进行进一步打磨，进而提升课程的质量。

（一）对学员的观察结果

1.整体来说，小学员在第一阶段的亲子参与过程中都能建立相应的安全感，使他们比较顺利地融入下阶段的活动中，可以比较积极地投入到各种体操动作挑战和戏剧游戏的参与中。

2.相比坐在椅子上，小学员对于这种"动起来"的博物馆课程更为喜欢，很享受与小伙伴共同接受挑战并取得成功的满足感，并显示出对小伙伴更多的关注和评价。

3.课后，小学员表现出比较积极的分享意愿，也纷纷表示愿意再来博物馆玩。

（二）与家长的交流结果

1.几乎所有参与活动的家长都对博物馆开辟专门的儿童活动空间、设计实施博物馆儿童活动感到满意，并希望这种活动能够持续下去。

2.对于亲子运动的设计得到家长们的推崇，纷纷表示在活动中，家长也收获了感动和力量。

◎解析：

喜欢运动、喜欢游戏是幼儿的天性，在博物馆设计能够让幼儿开心地动起来的课程极具挑战意义。孩子们释放天性、解放身体，穿越到遗址中，逐步深入场景，孩子们拥有角色并置身其中，让他们了解火是如何开启了人类的文明之旅。其间，孩子们会在故事中体验先民是如何看守火并利用火，以此培养孩子的责任感、合作意识以及解决问题的能力。这种参与式活动不仅能够将历史故事真实生动地展现在孩子们眼前，更能够让他们在场景中扮演角色，发挥想象，试图去解决不同时代遇到的不同问题。鼓励孩子从不同的角度思考、讨论问题，达到对事物新的理解。

远古的火种是博物馆为幼儿设计的一场教育活动，对于年龄偏小的观众，这个活动有趣、有序、有意义，可以用"情境合情合理""环节层层递进"来总结。著名教育家陶行知说过：情境教学是一种促使教学过程变成能引起幼儿极大兴趣，激发幼儿不断探索的教育方法。在充满趣味性和挑战性的故事情节中，幼儿不知不觉地进入角色，在教育员的带领下，主动、愉快地进行动作学习，探索历史故事。

这个活动的成功很大程度上得益于特邀教育员孙志雪老师。孙志雪曾经是国家一级运动员、裁判员、全国体操冠军，还有在北京国际学校从事外语体操教学和创建 AI 优乐体育俱乐部的教育经历。"远古的火种"在课程设计时，融合了戏剧和体操多种艺术形式，关照到儿童心理发育设计了亲子活动环节，遵循儿童生理机能活动变化规律设计活动量。孙老师的专业性帮助这次活动有效实现了教学预期。

◎策略：

专业的事情需要专业的人来做，对于类似跨界的，且专业性较强的学科融入博物馆儿童教育活动时，博物馆需要借助专业人士的帮助。博物馆作为公益性的社会文化教育机构，从本质上说，它既是为了服务社会公众而办，同时，它又必须依靠社会公众来办，而且它必须依靠社会公众的支持、赞助才能办好[1]。开展博物馆之友和志愿者工作是博物馆开发利用社会资源的有效渠道。博物馆之友和志愿者都是由博物馆组织起来的，义务参加博物馆的各项工作，自愿为博物馆服务的博物馆爱好者。通常，我们将那些为博物馆捐献藏品、捐赠资金、提供学术帮助的热心人士称为博物馆之友，为博物馆提供免费服务、承担展厅和临时展览导览、维护参观秩序的公益服务者通称为博物馆志愿者。

基层博物馆的知名度和影响力不高，招募博物馆之友需要更主动、更耐心、更细致。主动邀请那些本地区怀有强烈家乡情怀，热心公益事业，热爱中国古典文化，热衷收藏，关注博物馆事业的收藏家、企业家、学者和文化名人加入"博物馆之友"，通过开办沙龙、讲座的形式，潜移默化地宣传博物馆，鼓励他们为当地的公益文化事业奉献力量。

案例：舌尖上的方孔钱

◎活动类型：

小博乐体验课程

---

[1] 王宏钧：《中国博物馆学基础》，上海古籍出版社，2001年。

◎目标：

　　1.让孩子们简单了解中国古代钱币史；

　　2.近距离观察我馆馆藏宋代方孔圆钱；

　　3.烘焙方孔圆形饼干，用巧克力笔写上年号。

◎活动地点：

　　儿童活动中心

◎活动时长：

　　50分钟

◎活动对象：

　　7—12岁小朋友及家长

◎材料：

　　钱币标本、烘焙原料、巧克力笔

◎课程内容：

　　导语："钱"是什么味道？您能将香甜酥脆的饼干与中国传统钱币建立联系吗？本次主题课程将带领孩子们从认识葫芦岛市博物馆馆藏的宋代钱币，到独立烘焙方孔钱饼干。大家一起尝尝"方孔钱"的味道吧！

　　认识钱币：小朋友们，大家好！我们今天的主题是"舌尖上的方孔钱"。有哪个小朋友给大家说说钱是什么样子的？（硬币、纸钞）大家说得非常好。还有谁知道中国古代的钱都是什么样子的？虽然我们在电视剧和动画片里看到古代人买啥都花金子、银子，但在真实的中国历史上，从春秋战国直至明初，人们的主要支付手段都是铜钱。

　　我们首先来了解一下中国古代钱币的历史：

贝币：我国古代最早的实物货币是贝币。原始的贝币是天然海贝，由于天然海贝得之不易，于是又出现了玉、石、骨、铜、银等各种材质的仿贝币。

布币：春秋战国时期的金属铸币，主要是青铜币，形状模仿当时用于农业生产的铲形农具镈，因与"布"音近，故称布币。

刀币：春秋战国时期齐、燕、赵等国货币。铜铸，其形制模仿一种青铜工具（刀）的形状。

环钱：战国时期青铜铸币。钱体呈圆形，中央有圆形穿孔。战国中期秦国最先铸行。

方孔圆钱：公元221年，秦始皇统一了中国，对币制作了重大改革。废止战国时期各国流通的刀形、布形、环形等形式不一、单位各异的各类铜币，使用外圆内方的"秦半两"钱，从此，中国铜铸币有了一个统一的形式。方孔铜钱在中国历史上相沿使用了两千多年，直至清光绪年间（1875—1907）机制铜币问世，才走完了它的里程。关于方孔钱的传说来历不一而足，其中最广为人们所接受的有两种。一、方孔铜钱应天圆地方之说，古代人们认为天是圆的，地是方的，所以秦始皇铸钱以此为型。二、有做人的道理在其中，铜钱为外圆内方，做人也需要如此，做事圆滑，但内心保持方正。

我们博物馆收藏了很多方孔圆钱，主要是宋代的钱币，我们选了几枚，让小朋友们传看一下。然后，我们来总结一下这些方孔钱的特点：

颜色：有绿色的、棕黑色的。这些铜钱的材质都是一样的，都是由铜这种金属制造的，本来的颜色就是金灿灿的黄色。

我们看到的绿色是它的锈，有些古钱币过去是被埋在土地里的，跟土壤产生了化学变化，生了锈；还有一些是流传下来的，棕黑色就是包浆，在使用中钱币上留下了人们使用过的痕迹，有汗有油还有一些杂的东西，就变成黑不溜秋的颜色了。

形状：虽然大小不一，但它们都是圆形方孔。

字体：小朋友都看到了这些钱币上面都有文字，它们的字体都不一样，我们一起来认一认。

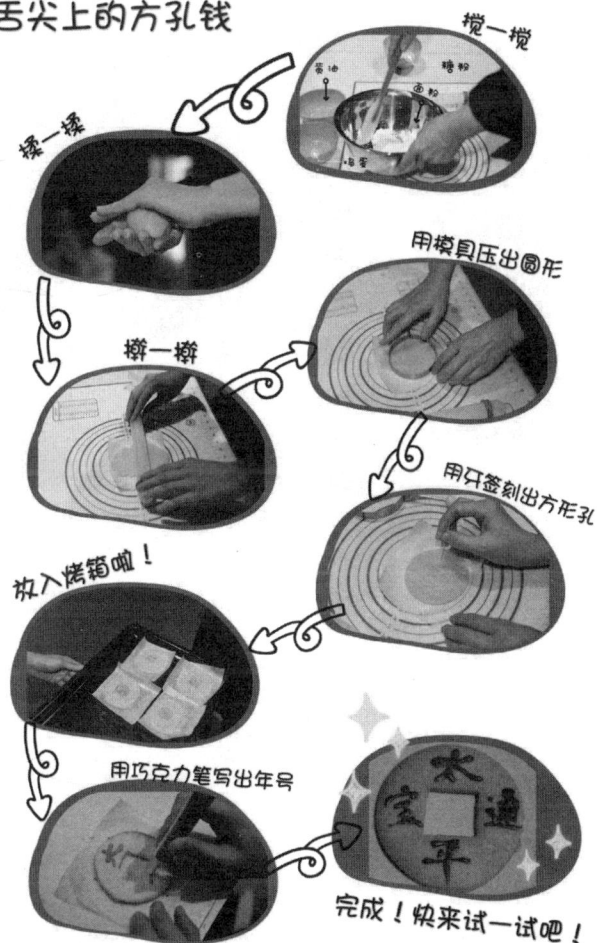

舌尖上的方孔钱

揉一揉

搅一搅

擀一擀

用模具压出圆形

用牙签刻出方形孔

放入烤箱啦！

用巧克力笔写出年号

完成！快来试一试吧！

制作太平通宝和大观通宝钱币饼干：

1. 小朋友们将准备好的面粉、黄油、糖粉、鸡蛋搅拌在一起，揉成光滑面团。

2. 教育员分给小朋友们已经醒好的面团，指导他们利用模具做成外圆方孔的形状。

3. 烧烤饼干。

4. 用巧克力笔在饼干上写字。

◎解析：

"舌尖上的方孔钱"主题活动，通过认识馆藏宋代钱币，制作"方孔钱"饼干，让手工与创意相连。当传统与时尚相碰，当千年人文底蕴与现代艺术生活相叠，孩子与家长们在博物馆共度一段甜蜜的烘焙时光。博物馆不仅是收藏、保护、研究、展示文物的机构，也是社会教育的一个重要场所，是儿童认识世界的一部鲜活的"百科全书"。作为一家有"创意"的，立志让小朋友也能读懂的博物馆，儿童活动中心不只是讲历史、学艺术，更是站在教育前沿，为小朋友们提供更多妙趣横生的创意课程。

◎策略：

博物馆在儿童教育中应该发挥哪些作用？博物馆儿童教育的优势是什么？博物馆如何利用教育优势支持和促进儿童发展？这些问题是每个博物馆教育从业者关注和思考的问题，需要在长期的工作实践中不断地挖掘、提炼、认证来找寻问题的答案。作为博物馆教育从业人员，为了更好地理解儿童观众，最重要的是要在掌握教育理论的基础上进行反思、诠释以及独立思考，进而创造出能够吸引儿童参与的有益体验。

葫芦岛市博物馆2018—2019年小博乐课堂

1. 凸凹的艺术——版画制作

版画，古称雕版印刷术，是以"版"作为媒介来制作的一种绘画艺术形式。由中国人发明并通过古丝绸之路传遍欧洲，是人类文明进程的重要推手，其精雕细琢的匠心耐人寻味。"凹凸的艺术——版画制作"活动让孩子们感知版画的制作过程，通过印制色彩纷呈的版画作品，体验版画带来的乐趣，锻炼动手能力和团队合作精神。

2. 摇摇扑满，叮叮当当——烧制葫芦扑满

扑满，又名"存钱罐"，是我国古代人民储钱的一种盛具，类似于现代人使用的储蓄罐。先民为储存方便，用陶做罐形或匣形的器具，顶端开一条能放进铜钱的狭口，有零散铜钱即投入其中；装钱只有入口，没有出口。钱装满后，则将其敲碎取之。"满则扑之"，故名"扑满"。烧制葫芦扑满，寄托着小朋友们对新年的美好

祝福、对未来生活的向往，同时在寓教于乐中对孩子们进行传统文化教育，让工匠精神在心中扎根。

3. 探秘博物馆——宝石总动员

中国疆域辽阔，地质复杂，地下矿产资源丰富。"宝石总动员"体验课程，将地质与矿石知识融入博物馆"寻宝"体验中。让孩子们感受在博物馆中学习的乐趣与新鲜感，激发他们对历史学习的兴趣，启迪孩子们对历史与未来的思考！

4. 蝶儿飞飞

蝴蝶一直是一种美好的象征，除了丰富了诗词的意象，蝴蝶还为中华文化增添了诸多色彩，无论是梁祝化蝶的凄美悲情，还是破茧成蝶的蜕变成长，总能触碰人心。在春暖花开的季节，小朋友们学习制作会飞的蝴蝶，既考验动手能力又考验创意能力。当小朋友打开书本的瞬间，一只只蝴蝶纷飞而出，孩子们骄傲地向父母展示自己的作品，每一位家长都感叹孩子们的动手能力和创造力！

5. 记事情

造纸术是中国四大发明之一，纸是中国古代劳动人民长期经验的积累和智慧的结晶，它是人类文明史上的一项杰出的发明创造。这节课小朋友跟随教育员老师一起回顾历史，追寻几千年以来文字和记录演变的历程，在历史故事中了解文字产生与演变的历史，在实际体验制作纸张的过程中感叹古人智慧的伟大与历史的悠久，并从中学习解读历史的思考方式，在学与做中，帮助孩子们初步了解造纸的流程，感受造纸术的发明对生活的重要意义，也让其感受到一张纸从原料到成品是何等不容易，从小养成节约用纸的好习惯。

6.江湖令，等你来战！

剑，古代兵器之一，属于"短兵"，乃是兵中王者，被称为"百兵之王"。古王皆有君子之气，亦有皇上君临天下之说，素有"百兵之君"的美称。本次课程以葫芦岛市博物馆《走进葫芦岛》展厅中的"镇馆之宝"——金柄曲刃青铜短剑为切入点，引导孩子们了解"剑"的结构、历史、种类和形制，并DIY一把属于自己的"绝世好剑"，自己设计，自己制作，不但使孩子们体验到了匠人精神，而且还锻炼了孩子们的动手能力和创新能力。

7.婀娜妈妈

《美人如花隔云端——中国明清女性生活展》的教育推广活动，小朋友以展览中展出的服饰为灵感，利用彩纸、超轻黏土等材料，自己动手为妈妈设计一件漂亮的小裙子。拍摄创意照片"婀娜妈妈"，一件件充满童趣与创意的作品，让历史文物焕发风采，让展览走进生活。

8."蓝"心蕙质

蓝晒法是一种传统的摄影印象手段，通过日晒成像的工艺，利用铁离子在紫外线的照射下可以生成普鲁士蓝色调物质的特性，从而晒出蓝色照片。在阳光照射中影像逐步显现的过程，仿佛太阳的魔法。其工艺操作简单、无毒、高效，艺术感强。欣赏展览中的绘画、刺绣等作品，感受领略中国古代文人的审美视角，同时用古老的显影方法，制作自己的蓝晒作品。

9.假如我有超能力

古代纹饰充满着古人的想象力，带领着脑洞惊奇的小朋友们，抛出天马行空的想法，将自己想象中的超能力大胆地描绘出来。小博乐课堂为孩子们激发想象力、勇于表达自我提供了一个展示的平台，在一个轻松、欢乐的氛围中，充分调动起他们的积极性，为他们开启一扇通向想象世界的大门，解放孩子们的天性，保留他们的童真、童趣，丰富孩子们的精神生活。

10. 一缕墨香，拾古印刷

印刷术是中国古代劳动人民的四大发明之一。体验中国传统印刷术，并在老师的指导下，用手中的铅字块拼出了一首首古诗，经过油墨、印刷等几道工艺，伴着浓浓的墨香，真切地感受历史的温度与活字印刷术的魅力。

11. 神奇动物在哪里

以《神奇动物在哪里2》的中国元素为切入点，带领小朋友们认识出自《山海经》的"驺吾"以及其他神奇的动物，探索博物馆中隐藏在文物上的神奇的动物，寻找《山海经》的正确打开方式。亲手制作"神奇动物"，在"博物馆的魔法世界"里学习有趣的历史知识，体验与众不同的课堂活动，倾听悠久的神话故事，感受传统文化的独特魅力。

12. HELLO！2019

以发现日历背后的历史故事为主线，自己动手制作一本专属日历。为小朋友们呈现了阴历、阳历、阴阳合历三种历法的区别以及阳历中干支历和格里高利历背后的历史故事。一本本制作精致、创意满满的日历，是小朋友们对时间概念的具体化，也是对新的一年赋予的期待与展望。

13. 连年有余

"连年有余"是中国传统的吉祥图案，借用"莲"与"连"、

"鱼"与"余"的谐音，表达着人们对年年富足生活的美好追求，"连年有余"更是传统民间年画必不可少的表现主题。小朋友们通过《红红火火中国梦——中国木版年画展》，了解了关于年画的产地、历史背景、吉祥寓意等，在教育员老师的指导下 DIY 鱼形抱枕。小朋友们大胆的色彩运用与极富想象力的绘画内容使得每一个抱枕都带有了十分鲜明的个人特色。

14. 莹质流光

小朋友们倾听关于铜镜的历史故事，近距离欣赏铜镜，设计铜镜纹饰，制作一枚小镜子。锻炼了小朋友们的动手能力、思维创造能力，提高了孩子们观察事物的敏锐度以及接受新鲜事物的能力，充分发挥小朋友们的创造力，展现他们的艺术才能。

15. 烽火长城

多角度了解长城的由来，从多方面思考长城的修造意义。自己动手制作一段"长城城墙"和一座"烽火台"，当教育员老师把所有小朋友的作品连在一起时，大家都为"长城"的长度欢呼雀跃，感叹于长城的悠久历史与古人智慧，对我国灿烂的历史文明产生了浓厚的兴趣。此次课程为孩子们打开了探究过去、思考未来的大门，拓展孩子们的眼界，引发孩子们的思考，让孩子们在潜移默化中以古为鉴开阔世界观，提升文化素养。

16. 妈妈，我爱您

母爱是人类文明永恒的主题。母亲节当天，让妈妈和孩子一起在博物馆寻找母爱的故事，一起做爱心抱枕，给妈妈一个爱的抱抱。让妈妈和孩子更加了解彼此的心意。这样，亲子活动既可以密切亲子关系，也可以培养小朋友的想象力、动手协调能力、专注力。

17. 海洋徽章

《风好正扬帆——中国古代航海科技展》专题课程，通过参观展览、实景讲解、动手制作"海洋徽章"等形式，使小博乐课堂成为推动航海科普的一个重要载体，使展览成为实现大家航海梦的一个开端，让小朋友在我国悠久的航海历史中寻着先人的足迹，与海洋相伴，踏着热血与梦想朝着星辰大海奋勇前进。

18. 烽火连天筑长城

泥条盘筑法有着质朴、粗放、自然等艺术特点，其表现创作的随意性给小朋友们提供了很大的创作空间。用泥条盘筑法制作长城垛口的笔筒，在不断的思索与设计中，发展自己的形象思维，培养自己的创新意识，激发学习兴趣，寓教于乐，寓学于趣。

19. 圆我小小海军梦，我为祖国来护航

参观《圆梦——从北洋铁甲到航母舰队》展览，带领小朋友们了解中国海军的发展历程，以物说史，以史为鉴，向为国家和民族抗争做出贡献的海军致敬。指导小朋友与父母一起手工拼插舰模。为孩子们展开一幅梦想的画卷，种下一颗理想的种子，增强孩子们的民族认同感和自豪感。

20. 临碣石，观沧海

赏析曹操的《观沧海》和石碑地遗址图片，让小朋友们了解碣石的历史。介绍"倒流熏香"的原理，指导小朋友们自己动手制作"碣石宫场景"，加上"倒流熏香"的效果，碣石宫在云雾和海浪中美轮美奂。

21. 寻踪溯源——走进甲骨文

小朋友们聆听甲骨文的知识讲解，动手描写甲骨文字，拼接甲骨文拼图。这堂课不仅让小朋友们走进了历史，走进了传统文化，更让他们了解了汉字起源，了解了中华文化的博大精深，激发了他们内心深处的文化自信和爱国热情。

第四章　在线教育

在线教育是互联网时代出现的一种教育模式，网络成为教育的新媒介。如今，在线教育已普遍应用于博物馆领域，成为博物馆实现"非正式教育""终身教育"的一种有效工具，为博物馆资源的共享化、多元化、均等化服务创造了条件。

新冠疫情后，线上和线下并重成为博物馆教育发展的大势所趋，面向儿童的在线教育资源开发是当前博物馆关注的重点之一。展览、教育活动、专门为儿童定制的教育课程，突破了时空的限制，以更多元的形态，通过网站、微信、微博等公众平台，抖音、小红书等短视频平台，更为广泛和便捷地传播。线上儿童教育资源对博物馆教育职能发挥和儿童健康成长具有重要意义，值得博物馆工作者为此付出努力，积极进行理论研究和实践探索。

案例：云游四海——航海类博物馆藏品赏析

◎案例类型：

线上联合展览

02 旅顺博物馆：元白釉褐彩指南针碗

◎展览概述：

葫芦岛市博物馆向海专委秘书处提出联合举办线上儿童教育活动的倡议。中国博物馆协会航海博物馆专业委员会联合15家会员单位，共同推出新春航海线上教育项目"云游四海——航海类博物馆藏品赏析"。各馆精选具有代表性的航海藏品，录制成视频，在春节期间分6期，在微信公众平台同步连载。十余家航海类博物馆共同推出新春航海文化盛宴，让小朋友们足不出户就可以参观多地的航海类博物馆，感受到中国古代辉煌的航海文化。

◎展览内容：

引言：

山程水驿不计远，舟楫为马又一程。

锦帆遥寄顺风意，福船满载海天情。

中国博物馆协会航海博物馆专业委员会联合会员单位，共同推出新春航海线上教育项目"云游四海——航海类博物馆藏品赏析"。来自辽宁、天津、山东、江苏、上海、浙江、福建、广东、海南、湖北、贵州等地的十余家航海博物馆，精选各馆具有代表性的航海藏品，配以丰富的图文影像资料，诠释航海藏品内涵，以物证史，托物传志，为观众呈现各地独具特色的航海水运画卷，并由北向南、自东而西连缀起悠久灿烂的中国航海文明，展现博大精深的海洋文明之光。

历添新岁，风正时济。扬帆同行，云游四海。

◎发布顺序：

第一天（2022年2月2日）

1. 葫芦岛市博物馆：元白釉铁彩龙凤纹罐

2. 旅顺博物馆：元白釉褐彩指南针碗

3. 元明清天妃宫遗址博物馆：张湾2号明代沉船

第二天（2022年2月3日）

1. 蓬莱古船博物馆："蓬莱一号"古船

2. 聊城中国运河文化博物馆：会通河船闸镇水兽

第三天（2022年2月4日）

1. 江苏省江海博物馆：清石雕彩绘妈祖像

2. 上海中国航海博物馆：明－清大木舵

3. 上海交通大学董浩云航运博物馆："海上巨人号"船模

第四天（2022年2月5日）

1. 宁波中国港口博物馆：明郑和木雕像

2. 舟山博物馆：清木胎沥粉堆塑妈祖坐像

第五天（2022年2月6日）

1. 福建省泉州海外交通史博物馆：泉州湾宋代海船

2.广东海上丝绸之路博物馆："南海一号"宋代海船

3.中国（海南）南海博物馆："华光礁一号"复原船

第六天（2022年2月7日）

1.武汉市中山舰博物馆：中山舰

2.贵州航运博物馆：汉木－晋初陶坡塘

◎解析：

在线教育是博物馆实现儿童教育的路径之一。2022年中国互联网络信息中心（CNNIC）发布的第49次《中国互联网络发展状况统计报告》显示，截至2020年，中国未成年网民已达1.83亿，互联网普及率为94.9%，远高于成年群体互联网普及率。其中，小学生互联网普及率也已达到92.1%。除了面临"互联网＋"的大背景，教育领域也需要减缓新冠疫情带来的冲击，2020年教育部与国家文物局联合印发《关于利用博物馆资源开展中小学教育教学的意见》，进一步要求加强博物馆网络教育资源建设，"利用现代信息技术建立本区域网上博物馆资源平台和博物馆青少年教育资源库，促进与中小学网络教育资源对接"，不仅为包括中小学生在内的儿童在线教育提出了新的发展方向和指导意见，也向我们表明：现在正是中国博物馆发展儿童在线教育的最佳契机。因此，博物馆应如何策划儿童在线教育成为一个值得探讨的焦点议题。

葫芦岛市博物馆借助航海类专业委员会平台优势，积极寻求博物馆联盟在历史文化传承、创新方面的增强作用。各成员单位结合本馆藏品优势，发掘本地域海洋历史文化，共同打造线上联合展览，增进孩子们对海洋历史文化的了解和关注，增强航海类博物馆教育活动的高效性，更好地发挥博物馆的社会教育功能。

◎策略：

目前，国内大多数基层博物馆线上儿童教育资源开发仍处于艰难起步阶段，在理念、团队、技术和制度等方面有很大的提升空间。"云游四海——航海类博物馆藏品赏析"教育视频展览是中国博物馆协会航海博物馆专业委员会联合15家博物馆共同送给孩子们的寒假礼物，既丰富了博物馆儿童教育工作，又促进了成员单位互学互助的高效交流。基层博物馆可以通过与专业委员会平台、博物馆联盟、高校的进一步合作，借助外力逐步学习和完善在线教育工作。

案例：葫博历史小课堂——了不起的长城

◎案例类型：

线上互动课程

◎课程概述：

在线下活动大幅缩减后，为增加儿童观众的黏度，满足儿童观众博物馆学习的需求，推出 H5 线上互动课程——"葫博历史小课堂"。主要目标群体是小学生及家庭观众。课程以葫芦岛地区的海洋文化、长城文化资源为学习内容。课程内容由课程预告（学习方式介绍）+3 期授课内容 + 手工制作视频组成，每期授课内容由学习视频 + 知识问答 + 生成证书环节组成，凭 3 个证书即可到博物馆领取手工材料包。

◎学习方式：

1.扫描二维码进入课程界面→观看学习视频→完成随堂知识问答→生成证书（截图保存）；

2.凭"学习证书"截图，到博物馆领取手工材料包。

◎课程内容：

第 1 期：长城概述。万里长城，是世界历史上工程量最大、修筑时间最长、跨越地域最广、建筑体系最完备的冷兵器时代军事防御体系。

长城修筑的历史可上溯到西周时期，著名典故"烽火戏诸侯"就源于此。春秋战国时期列国争霸互相防守，长城修筑进入第一个高潮，但此时修筑的长度都比较短。秦灭六国统一天下后为防止匈奴南下，秦始皇将燕、赵、魏各国修筑的旧城墙连接起来，从甘肃到辽东绵延万里，始有"万里长城"之称。自秦朝以后，凡是统治着中原地区的朝代，几乎都要修筑长城。可以说自春秋战国时期开始到清代的 2000 多年一直没有停止过修筑，若将各个朝代所修筑的长城相加起来，总计可达 5 万余公里。

大家可以看到明代的十二条屏幅《九边图》，这是嘉靖年间兵部尚书许论绘制的长城边防军事图。"九边"为辽东、蓟州、宣府、大同、偏关、榆林、宁夏、固原、甘肃九个军事重镇。九边图全图用青绿重彩描金，分别绘出九处边镇地区的建置、山川、卫所、关塞、边墙等内容，以图文结合的形式来综合反映出边关重镇的布局及山川形势。由此我们可以看出，被誉为"世界中古七大奇迹之一"的长城并不只是一道单独的城墙，而是由敌楼、关城、墩堡、营城、卫所、镇城、烽火台等多种工事所组成的一个完整的防御工程体系。图上注释原为汉文，后清人又加注了满文。《九边图》除了满足军事应用需要外，也反映了当时明代北方边境的地理情况，对研究明代的疆界及其变化具有重要价值。

长城作为军事防御工程，其目的是为了尽可能地防止和避免战争，以求得一个安定的生产、生活环境。长城是保卫中原农业文明的屏障，还是一条促进民族融合、带动北方经济发展的纽带。长城作为人类历史上最宏伟壮观的文物之一，蕴含着丰富的文化内涵，凝结着古代中国劳动人民的勤劳、勇敢和智慧，是我们中华民族精神的象征和勇于开拓的历史见证。

如今，长城处在军事实用的功能逐渐消退，文化精神作用不断增强的双向历史演进中。长城以其雄伟的建筑遗迹、深邃的文化底蕴，成为屹立在中华大地上的不朽人文胜迹和历史丰碑。

第2期：葫芦岛地区的长城。由北京出发，经山海关到锦州直至辽河的蓟辽地区，自古以来便是南北交通的枢纽，具有重要的战略地位。明清之际，随着改朝换代的步伐，一度战争烽烟弥漫，成为兵家必争之地。明朝极其重视北疆的防御，地处关内外的咽喉之地的葫芦岛，是当时蓟辽地区的要塞，朝廷在此地设卫所、修边墙、巩固长城，使之成为驻守东北边境的重要防线，以应付日益复杂的边疆危机。

为了加强长城的防御、管理及维修，明朝把整个长城划分为九个防御区，分兵驻守，称为九边或九镇，每镇设有总兵领辖。九边首镇辽东镇管辖整个辽东边墙，葫芦岛地区是辽东边墙的西端起点。辽东边墙，又称辽东镇长城，西起绥中县西北的锥子山主峰，东抵丹东鸭绿江西岸的虎山，是明代长城的重要组成部分，分南、北两条线，总长度237.88千米。因地制宜地采用土墙、石墙、山险墙、山险相结合的构筑方式，设敌台211座，烽火台119座，堡城23座，配以分布于沿线的卫城、所城等相关设施，形成了点、线、面相结合，纵深梯次配置，构成信息传递迅速，呼应、支援及时的坚固的立体防御体系。

古时，烽火台是用于点燃烟火传递重要消息的高台，是古代重要军事防御设施，是为防止敌人入侵而建的，遇有敌情发生，则白天施烟，夜间点火，台台相连，传递消息。烽火台是最古老但行之有效的消息传递方式。

大家再来看看著名的"三龙聚首"。辽东镇长城的西端起点地段是锥子山，锥子山是辽东镇长城与蓟镇长城的交会处。其山之南、西是蓟镇长城，东面为辽东镇长城，三条长城宛如三条巨龙，穿行于险山峻岭间，从而形成了三龙交会的壮观场面。锥子山长城与驿站、海防设施相间相辅，是明代军事防御体系最典型的展现。

第3期：蓟镇长城辽宁段。还记得在上一期为大家讲述的三龙聚首吗？今天，我将为大家揭开三条巨龙中蓟镇长城的神秘面纱。

锥子山以西的这条长城为蓟镇长城，始建于明洪武十四年（1381），雄踞于险峻陡峭的燕山山脉上，素有第三八达岭之称。说起明朝北方边防，尤其是明朝的蓟镇长城，我们就不得不提到明朝抗倭名将戚继光。戚继光对明朝北方防务做出了杰出贡献，尤其是在加固蓟镇长城上，戚继光可以说是居功至伟。

1571年，名将戚继光被调到今辽宁、河北、北京一带，整顿边务，所带将士均为平倭有功的浙江义乌兵。很有意思的是，在这段长城的门窗拱框上，多刻有花藤枝蔓或是波浪祥云等图案，这舒卷缠绕的线条，给这段长城增加了柔美的气息。由于当时工程浩大，守卫任务艰巨，戚继光允许一部分将士可以携带家眷。据说，正是这些为修筑长城而从远道而来的南方人，将细腻的精雕工艺融入了长城的身躯，是戚家军渴望和平、美好生活的寄托。站在长城上远远望去，晨光下的西沟村映入眼帘，村里居住的大部分村民就是曾经戍守长城的义乌官兵的后裔。如今，遥远的他乡，早已成故乡。

明代蓟镇长城的最东段是被誉为京东首关的水上长城九门口。位于葫芦岛市绥中县，始建于北齐，是明长城的重要关隘。因在一片石之上筑有九座泄水城门，关口因此而得名为九门口。九门口长城修筑在较为低缓的山谷中，倚高山，临平原，形成城在水中走、水在城中流的画卷。九门口是从东北地区进入中原的咽喉之地，九门口长城作为中国唯一的水上长城，2002年，通过联合国教科文组织的验收，正式挂牌成为世界文化遗产。

明崇祯十七年（1644），明将吴三桂与多尔衮合兵，在一片石与李自成率领的农民军展开一场鏖战，结果李自成惨败，清军从九门口长驱而入，从而建立了中国历史上最后一个封建王朝大清朝，这就是改变中国历史命运的一片石大战。

当年的戚继光不怕牺牲报效祖国，曾说"鞠躬尽瘁，惜死无憾"；戚家军不远千里戍守边疆，因为在他们的身后是家与国。家是国的基础，国是家的延伸。辉煌于史、溢彩于今的五千年中华文明，塑造了中华民族独特的精神品格——家国情怀。家国情怀是中华民族最为深厚的历史情感，爱国精神是中华文明赓续不绝、延绵至今的强大动力。

◎知识问答：

第1期

1.目前已知的长城修筑历史最早可追溯至哪个朝代？ _____

A.夏朝　　　B.春秋　　　C.战国　　　D.西周

2.以下哪幅是长城边防军事图《九边图》？ _____

A

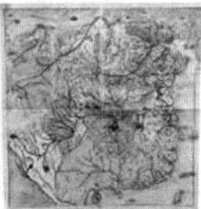

B

C

D

3.《九边图》的作者是_____。

A.许论　　　B.蒙恬　　　C.秦始皇　　　D.司马迁

4.《九边图》绘制于哪个朝代？_____

A.秦朝　　　B.明朝　　　C.清朝　　　D.战国

5.以下属于长城工程体系中的是？（多选）_____

A.关城　　　B.卫所　　　C.镇城　　　D.烽火台

第2期

1.明朝时期，为了加强长城的防御、管理及维修，将长城划分为九个防御区，这九个防御区被称作_____。

A.九边　　　B.九图　　　C.九疆　　　D.九塞

2.辽东边墙，又称辽东镇长城，葫芦岛地区是辽东边墙的_____起点。

A.西端　　　B.东端　　　C.南端　　　D.北端

3.在古代，烽火台是重要的军事防御设施，遇有敌情发生时，则白天_____夜间_____。

A.施烟；点火　　　　　B.施烟；放雾

C.放雾；施烟　　　　　D.点火；施烟

4.视频中提到的辽东镇长城的西端起点地段是_____。

A.锥子山　　B.九门口　　C.蔓枝草　　D.虎山

5.视频中提到"三龙聚首"，请问指的是下列哪几条长城？_____

A.蓟镇长城；辽东镇长城　　B.辽东镇长城；司马台长城

C.司马台长城；蓟镇长城　　D.辽东镇长城；古北口长城

第3期

1.视频中提到的"第三八达岭"指的是哪条长城？_____

A.蓟镇长城　　　　　　B.锥子山长城

C.虎山长城　　　　　　D.辽东镇长城

2. 视频中提到的对明朝北方防务及加固蓟镇长城具有杰出贡献的是_____。

A. 戚继光　　　B. 黄继光　　　C. 郑和　　　D. 俞大遒

3. 明代蓟镇长城的最东段、被誉为京东首关的是_____。

A. 九门口长城　　　　　　　B. 辽东镇长城

C. 锥子山长城　　　　　　　D. 虎山长城

4._____年，九门口长城通过联合国教科文组织的验收，正式挂牌为世界文化遗产。

A.2002　　　B.2000　　　C.2001　　　D.2003

5. 视频中提到的，明将吴三桂与多尔衮合兵，在哪里与李自成率领的农民军作战？_____

A.一片石　　　B.一片林　　　C.锥子山长城　　　D.辽东镇长城

荣誉证书

刘孟桐　同学：

你在《葫博历史小课堂——了不起的长城（三）》中，取得 **100** 分，荣获称号：

历史小达人

特发此证，以兹鼓励

葫芦岛市博物馆
二零二三年二月二十三日

截图保存证书

历史小达人证书

◎解析：

葫博历史小课堂是运用微信 H5 技术设计开发的互动教育项目。参与者在页面录入的姓名、学校和答题信息，会自动生成学习证书。对于观众而言，这种互动型问答形式能使学习体验更加丰富，对学习内容的了解更加深入。对于博物馆而言，这种教育方式更为生动，有效地增加了观众对于线上教育活动的关注度。同时，H5 的开发有利于数据的收集和整理，为今后提升活动质量提供了参考数据。

序号	姓名	学校	1、目前已知的长城修筑历史最早可追溯至哪个朝代？	2、以下哪张图片是视频中提到的长城边防军事图《九边图》？	3、《九边图》的作者是谁？	4、视频中提到的《九边图》绘制于哪个朝代？	5、多选题：以下属于长城工程体系中的是_____？	总分数	填写时长	提交时间
1	包××	龙湾商务区初级中学	D、西周（20分）	A（20分）	A、许论（20分）	B、明朝（20分）	A、关城，B、卫所，C、镇城，D、烽火台（总得分：20分）	100分	68s	2022/07/06 00:29:16
2	包××	龙湾商务区初级中学	D、西周（20分）	A（20分）	A、许论（20分）	B、明朝（20分）	A、关城，B、卫所，D、烽火台（总得分：0分）	80分	273s	2022/07/06 00:27:56
3	包××	龙湾商务区初级中学	B、春秋（0分）	B（0分）	A、许论（20分）	A、秦朝（0分）	D、烽火台（总得分：0分）	20分	68s	2022/07/06 00:22:14
4	郭××	葫芦岛市第二实验小学	D、西周（20分）	A（20分）	A、许论（20分）	B、明朝（20分）	A、关城，B、卫所，C、镇城，D、烽火台（总得分：20分）	100分	209s	2021/12/15 13:33:17
5	沈××	实验二小	D、西周（20分）	A（20分）	A、许论（20分）	B、明朝（20分）	A、关城，B、卫所，C、镇城，D、烽火台（总得分：20分）	100分	67s	2021/12/15 11:12:29
6	陶××	葫芦岛市教室进修学院附属小学	D、西周（20分）	A（20分）	A、许论（20分）	B、明朝（20分）	A、关城，B、卫所，C、镇城，D、烽火台（总得分：20分）	100分	52s	2021/12/15 11:01:10
7	杨××	葫芦岛市第二实验小学商务区分校	D、西周（20分）	A（20分）	A、许论（20分）	B、明朝（20分）	A、关城，B、卫所，C、镇城，D、烽火台（总得分：20分）	100分	611s	2021/12/15 10:28:03
8	王××	南一小学	B、春秋（0分）	A（20分）	A、许论（20分）	B、明朝（20分）	A、关城，B、卫所，C、镇城，D、烽火台（总得分：20分）	80分	486s	2021/12/15 06:59:56
9	师××	葫芦岛市第二实验小学	D、西周（20分）	A（20分）	A、许论（20分）	B、明朝（20分）	A、关城，B、卫所，C、镇城，D、烽火台（总得分：20分）	100分	46s	2021/12/14 19:28:30
10	师××	葫芦岛市第二实验小学	D、西周（20分）	A（20分）	A、许论（20分）	B、明朝（20分）	A、关城，B、卫所，C、镇城，D、烽火台（总得分：20分）	100分	358s	2021/12/14 19:01:07
11	赵××	附属小学	D、西周（20分）	A（20分）	A、许论（20分）	B、明朝（20分）	A、关城，B、卫所，C、镇城，D、烽火台（总得分：20分）	100分	34s	2021/12/14 10:48:34
12	阎××	葫芦岛市教师进修学院附属小学	D、西周（20分）	A（20分）	A、许论（20分）	B、明朝（20分）	A、关城，B、卫所，C、镇城，D、烽火台（总得分：20分）	100分	277s	2021/12/14 10:16:13
13	周××	葫芦岛市第二实验小学	B、春秋（0分）	A（20分）	A、许论（20分）	B、明朝（20分）	B、卫所，D、烽火台（总得分：0分）	60分	214s	2021/12/13 10:29:38
14	周××	葫芦岛市第二实验小学	C、战国（0分）	A（20分）	A、许论（20分）	B、明朝（20分）	A、关城，B、卫所，D、烽火台（总得分：0分）	60分	119s	2021/12/13 10:25:44
15	周××	葫芦岛市第二实验小学	B、春秋（0分）	A（20分）	A、许论（20分）	B、明朝（20分）	A、关城，B、卫所，C、镇城，D、烽火台（总得分：20分）	80分	45s	2021/12/13 10:23:12

H5 后台生成的数据表

葫博历史小课堂——“了不起的长城”课程后台的数据分析，成为下次课程设计的依据和判断标准。

1. 提交时间：判断参与课程的活跃期；

2. 答题时长与次数：评估课程难度；

3. 参与者情况：年龄分布、家长支持、学校影响等；

4. 答案：知识点难度设计。

◎策略：

H5 是移动端的 web 页面，即一系列制作网页互动效果的技术集合。与传统的移动端游戏相比，H5 不需要下载安装，可以直接在微信中打开操作，不仅简化了操作程序，还节省了用户手机的空间，提高了用户碎片化时间的游戏体验。对于开发者而言，H5 小游戏以开发门槛低、所需时间和成本少等优势，成了博物馆教育活动的优先选项。

面向儿童开展博物馆在线教育，不仅要关注儿童作为学习者的体验与效用，也要关注儿童的教育者的互联网教育素养与技能的提升。博物馆教育员是儿童博物馆学习的重要引导者与陪伴者，博物馆应该鼓励教育员创新博物馆教育新立意，积极探索在线教育的新形式和新技术，应对传统教育习惯被打破、教学方法创新不足以及经验短缺的巨大挑战。

案例：东北第一牛

◎案例类型：

　　线上教育活动

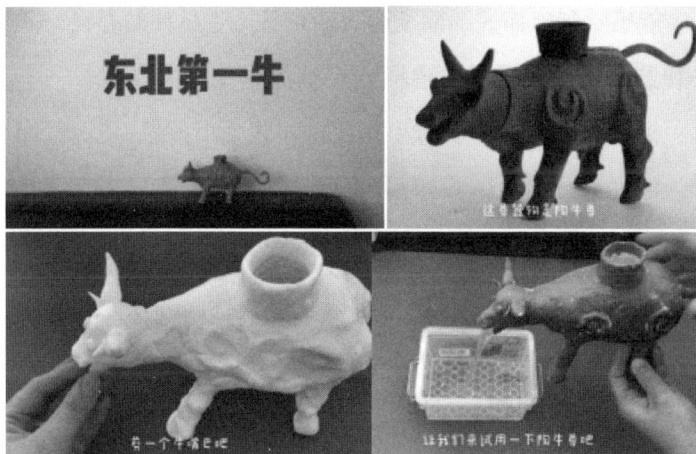

◎活动概述：

　　传统节日开展的儿童线上教育活动。为增添牛年春节的文化氛围，丰富小朋友的假期生活，以藏品牛为主题，通过视频讲解＋手工制作的活动，引导观众挖掘牛文化的历史价值和当代意义。

◎活动内容：

一、讲解员在展览厅介绍牛文物

金鼠回宫，瑞牛报春。辛丑年是牛年，牛年说"牛"，别有情趣。牛与人类生活从远古时期就息息相关，是任劳任怨、踏实肯干的农耕助手，也是温良恭顺、守望互助的亲密伙伴。在我国漫长的农耕时代中，牛有着不可取代的地位，牛的形象、牛的文化深入人心，留下了许多以牛为题材的珍贵文物。

葫芦岛市博物馆展厅里陈列着一件陶制盖鼎。鼎盖系圆形隆顶，其上有三周凸棱界格，中心界格内置一衔环钮，外周界格内排列三个侧卧小牛。牛首向外，牛角向上，牛目圆睁，牛鼻穿环，身躯矫健，短尾微收。牛鼻环的作用是当牛不听话的时候拉动牛鼻环，牛就感觉到疼痛，继而变得听话顺从。牛鼻环的存在，是劳动人民智慧的结晶，最早可追溯到春秋战国《吕氏春秋》一书。据载，一个大力士与一个农村小孩比拼才艺，小孩说："别看你力大无穷，但你也赶不动牛。"大力士不服气，费尽心思，甚至是把牛尾巴拉断了一截，但牛依旧是纹丝不动。只见小孩轻轻牵着牛鼻环就把牛牵走了，留下了目瞪口呆的大力士。

我们再来看一件青铜盖鼎，工艺高超，纹饰精美。弧形顶盖上装饰着三个卧牛形钮，三只卧牛背对盖顶中心的衔环小立钮，面向外，等距分布在鼎盖边缘，均为盘角、凸睛、短吻、蹄足，牛首微扬，牛身侧卧，牛尾蜷收，全身遍饰相互交缠的夔纹。

三牛盖鼎上的小牛形象生动，惹人注目，组合在一起，就是汉字"犇"字。"犇"由3个"牛"字组成，原为"奔"的异体字。

牛年伊始，"犇犇"成了一个网络新词，寓意力大无穷、强大无比、牛气冲天，比牛还"牛"。

三头牛的形象也让人联想到"孺子牛""拓荒牛""老黄牛"。2020年12月31日，习近平总书记在全国政协举行的新年茶话会上指出，要"发扬为民服务孺子牛、创新发展拓荒牛、艰苦奋斗老黄牛的精神"。

值此辞旧迎新之际，选家乡文物为牛年新春贺岁，为"十四五"新开局鼓呼，三牛盖鼎祝愿滨城展现"三牛"精气神，"犇"向美好新征程！

二、邀请派驻建昌县碱厂乡东大杖子村的第一书记刘立恒，牛年说牛事，看牛村的前世与今生

牛年文物来贺春，葫芦岛市博物馆收藏的三牛铜鼎、陶盖鼎，辽宁省考古研究院收藏的陶牛尊都来自建昌县东大杖子村。我们村历史悠久，人杰地灵。村落位于古代华北地区与东北亚交通要道凌河古道上。村内发现自新石器时期以来遗存7处，延续5000余年未间断，全国罕见。具有国家、省、市、县四级文物保护单位4个。其中东大杖子古墓群为全国重点文物保护单位，荣获"2011年全国十大考古发现"。自从1999年正式发现以来至今20年间，已发现墓葬137座，发掘47座，保守测算墓葬总数超过200座。墓地年代上限为战国早中期，下限为战国晚期。该墓葬群保存完好，其等级之高、规模之大，在中国东北部乃至整个东北亚地区十分罕见，其文化价值无可估量。在众多珍贵的出土文物中，我们最喜爱的就是号称"东北第一牛"的陶牛尊，因为农民最爱牛，牛象征着拓荒、好运、招财、旺家和如意，这件陶牛尊的出土既展现了本地繁盛而悠久的养牛历史文化，也为东大杖子村全面快速发展提供了新思路。我们深挖历史文脉，在"用好用活"文化资源上下功夫。牛年说牛事，耕耘在牛村！东大杖子村全体成员在牛年要学"三牛"精神，在国家"乡村振兴"的伟大历程中，为打造"凌河第一村"，"不待扬鞭自奋蹄"！

三、手工制作视频

建昌东大杖子村出土的陶牛尊，是葫芦岛地区发现的最早的牛形陶塑，泥质灰陶，头部、躯干、尾等分别手制后再组合，四肢以木芯为骨，贴附黏土制成。牛尊张口扬蹄翘尾巴，神色喜庆，形态可掬。在它出土的建昌东大杖子村，大家都自豪地称它为"东北第一牛"。

利用2个矿泉水瓶、方便筷子、超轻黏土和颜料，仿制"东北第一牛"。将其中一个矿泉水瓶分成三段，取口部和底部连接，做牛尊整体塑形支撑，牛尊背部位置开圆形口。另一个水瓶的瓶口与圆形口连接，实现牛尊背部进水、牛嘴出水的实际功能。方便筷子做牛腿支撑。利用超轻黏土附着在支撑上捏制细节，突出黄牛头部昂起，双角、双耳上耸，张口、尾部细长且向上卷曲，蹄状足的形态。进一步刻画鼻孔透雕，背部负一盆状装饰，实为尊口，尊口与牛口相通，四肢上端均饰有卷云纹浮雕等特征。最后涂上灰褐色颜料，复原牛尊泥质灰陶的颜色。

◎解析：

将线下儿童教育课程的内容放置在线上，让公众共享学习资源。线上教育受众范围广、社会参与度高。轻松、有趣的线上课堂，不受时间和地点的限制，随时随地想学就学，也增加了观众对博物馆的关注度。

博物馆要运用好互联网这一利器，使线上儿童教育资源真正满足公众的期待和需求，在助力博物馆事业蓬勃发展的同时，帮助青少年儿童清楚认识源远流长的中华文明，为弘扬中华优秀传统文化、传承文明基因、厚植文化自信、提高文化认同、服务文化复兴提供坚强支撑。

◎策略：

采取短视频的方式，将手工制作视频上传微信公众号平台。小朋友及家长可以通过短片，了解课程内容，体验手工制作。学习过程不仅可以增强亲子互动性，提高小朋友的动手能力，还可以用更趣味的方式学习课程知识点，充分发挥博物馆教育功能的直观性、自主性、丰富性、拓展性、寓教于乐等特点，激发学生们博物馆学习的浓厚兴趣。

第五章　馆校合作

古语有云："儒有博学而不穷，笃行而不倦。"随着博物馆儿童教育持续升温，越来越多的家长和老师选择了博物馆这个第二课堂。从接待学生团队参观到走进校园，再到馆校合作教育项目，博物馆与学校逐步打破正式和非正式学习领域之间的界限，把儿童教育和博物馆学习结合起来，开启了正式教育与社会教育更为紧密的有机结合。

馆校合作教育项目是由博物馆教育人员联合学校教师对博物馆教育资源进行的课程化开发，实现了学校、家庭、博物馆三方资源的整合与共享[①]。博物馆教育资源多元化发展，不仅增强博物馆公共服务的竞争力，也扩大博物馆儿童教育服务的社会影响力和辐射范围[②]。

[①] 中国博物馆协会社会教育专业委员会：《中国博物馆青少年教育工作指南》，文物出版社，2018年，第34页。

[②] 赵菁：《博物馆青少年教育发展问题与对策》，博物院，2021年第1期，第23页。

案例：博学汇

◎类型：

馆校教育合作品牌

◎概述：

"博学汇——馆校合作教育项目"是葫芦岛市博物馆推出的让博物馆教育走进校园的创新教育项目，旨在活化传统文化教育资源，将课程送进校园，丰富学生知识，拓宽学生视野。同时，增进学生们对博物馆的了解和关注，增强博物馆儿童教育工作的高效性，树立博物馆形象，更好地发挥博物馆的社会功能。

◎背景：

博物馆与其他教育资源，特别是与学校教育资源进行融合，是充分发挥博物馆教育功能的主要途径。2015年，国家文物局和教育部联合下发了《关于加强文教结合、完善博物馆青少年教育功能的指导意见》。2020年教育部和国家文物局再次联合发布了《关于利用博物馆资源开展中小学教育教学的意见》。这些文件对博物馆儿童教育事业的发展起到了政策保障和引领作用。可以说，今后博物馆青少年教育工作的权重更加突出，对博物馆定级评估和绩效考评都将产生影响；博物馆资源的教育属性更加明确，教育已经成为博物馆工作中必选项目之一。

◎目标：

旨在让传统文化教育资源活起来，丰富小学生们的社会实践内容，为小学生社会实践搭建平台。让更多学生拥有博物馆教育的新体验，发挥博物馆在"讲好中国故事，建立民族自信"教育推广上的"软实力"。

◎内容:

"博学汇"教育项目，由系列课程研发、推介会、校园授课、家长开放日、教育成果汇报展和拓展活动组成。

馆校合作模式：博物馆负责课程的前期研发，准备教具、材料，由博物馆专职教育员和助教进行授课。馆方会邀请各学校主要负责博学汇项目的老师作为教育顾问，提供创意，注入全新血液，共同开发新课程。校方负责组织及安排学生、辅助教学、提供成果展示空间。

◎课程特色:

以中国优秀传统文化为依托，结合 STEM 课程理念，把历史、美术、艺术、物理、科技、工程、数学等多学科内容综合起来，培养孩子发现问题、积极思考、乐于探索、主动解决的学习行为模式。

◎效果:

"博学汇"品牌一经推出就得到了广泛关注和支持。博物馆教育员深入校园班级，通过背景知识趣味讲、创意手工动手做、戏剧

启动仪式

游戏一起玩，强调情境式、参与式、互动式的授课模式让校方领导耳目一新，推介会上就有五家学校与葫芦岛市博物馆签订共建协议。近千名学生在教室里体验了博物馆课程。

案例：海丝扬帆——儿童教育系列课程

◎开发背景与目标：

葫芦岛地区海岸线 260 公里，有着丰富的海洋文化遗存，馆里还有"海上丝路"和"绥中沉船"两个专题展览。为响应"一带一路"倡议，丰富本地区小学生关于海上丝绸之路的认知，引发孩子们对 21 世纪海上丝绸之路关注和思考，设计了"海丝扬帆"——儿童教育系列课程。希望学生们通过博物馆课程，了解博物馆，走进博物馆，爱上博物馆。

◎策划理念：

构建主义学习理论认为，学习是一种构建过程。知识是学习者与外部环境交互作用的结果。学习者在一定的学习环境下，借助他人（包括教师和学习伙伴）的帮助，利用必要的学习资料，通过意义建构的方式而获得知识。因此，建构主义学习理论认为"情境""协作""会话""意义建构"是学习环境中的四大要素。

◎课程简介：

"博学汇"教育品牌的主体活动之一，"海丝扬帆"儿童教育系列课程由"丝路海洋""信风吹五两""深海探秘""青花瓷与海盗"四个课件组成，分别从中国古代海上丝绸之路与四大航海家、中国古代航海技术、中国水下考古、中国外销瓷四个方面介绍这条东西方之间贸易和文化交流的海上大动脉，展示海上丝绸之路的历史过往与灿烂文化成就。并设计教辅指导手册——"海丝寻亲记"，开发综合材料包——"博物馆盒子"。

子课程名称	知识点	过程与方法	时间	情感态度价值观
丝路海洋	1.丝绸之路；2.海上丝绸之路；3.郑和下西洋；4.大航海时代；5.伟大的航海家	1.PPT知识导入 2.动手做：彩沙航路图 3.一起玩：真人版航海大富翁游戏	15—20分钟 40分钟 30—50分钟	讲好中国故事，激发探究历史的热忱之心，增强文化自信，培养爱国、报国的理想信念。
信风吹五两	1.古代航海科技（航向、航速、通信）概述；2.牵星过洋术；3.古代水罗盘；4.识天气	1.PPT知识导入 2.动手做：创意五两 3.一起玩：识天气展览	15—20分钟 20—30分钟 30—50分钟	
深海探秘	1.水下考古；2.中国水下考古；3水下考古01号	1.PPT知识导入 2.动手做：水下考古贴画 3.一起玩：电动小船DIY	15—20分钟 40分钟 40—60分钟	
青花瓷与海盗	1.克拉克瓷器；2.中国外销瓷器种类；3.中国风对世界的影响；4.瓷器上的吉祥纹饰	1.PPT知识导入 2.动手做：绘制青花瓷盘 3.一起玩：制作瓷盘展板	15—20分钟 20分钟 30—40分钟	

◎课程亮点：

1.本课程关注时事热点，在课程设计方面充分体现趣味性、体验性、情境性、艺术性等博物馆教育优势，将静态的文物知识开发为动态的体验，同时实现历史、艺术、科学等多学科知识融合教育，并利用所学知识进行迁移与反思。

2.实施方式灵活，既可以作为馆校合作教育系列课程，也可以拆分后结合展览作为博物馆儿童体验课程，不受场地和场馆限制，可推广性强。

3. 本系列活动具有可复制性，材料成本较低，可操作性强，可持续性开展。

◎社会影响：

"海丝扬帆"系列活动得到了合作学校的广泛认可，孩子们也特别喜欢，取得了较为热烈的社会效应。2018 年 5—11 月开展校园授课 84 课时，直接参与师生达 5000 人次，家长开放日 4 场次，同学们亲手制作的成果汇报展在博物馆展出 1 个月，教育局社会实践课程展演 1 次，间接影响几万人次。2019 年"使闯天下"公演 2 场，观众 500 余人，高潮迭起、气氛热烈。以讲好中国故事、坚定文化自信为目标，关注时事的教育内容和新颖的体验式教育模式也得到业内和教育同行的认可。2018 年在广东省博物馆举办的儿童教育论坛分享了"博物馆盒子"后，收到了多家中小博物馆的交流意向。同年 7 月，受中国航海博物馆之邀，将"海丝扬帆"系列课程做成了立体的"博物馆盒子"，带到了中国航海生活节，吸引了大量儿童观众，取得了良好的社会影响力。

一、课程名称："丝路海洋"

二、课程概述

"海丝扬帆"儿童教育系列课程之一。课程以杜威"儿童中心""活动中心""经验中心"的教育思想为指导，将游戏带到课堂上，鼓励学生玩中学、学中悟，开阔了学生们的视野，培养孩子们发现与思考的能力以及利用博物馆学习的习惯。

三、课程目标

1. 了解中国古代丝绸之路；

2. 掌握郑和下西洋的历史事件和成就；

3. 认识 16 世纪大航海时代哥伦布、麦哲伦、达伽马等航海家；

4. 培养团队合作能力；

5. 培养孩子的民族自信和文化自信。

四、课程实施地点

合作学校的班级、博物馆儿童活动中心。

五、教学过程（两个课时，90 分钟）

1. 轻松学环节（20 分钟）。知识导入，利用 PPT 讲授中国古代丝绸之路与海上丝绸之路、郑和奉旨下西洋、大航海时代伟大的航海家三方面内容。使用动画片、漫画、图表等形式，配以生动诙谐的语言，通过讲故事的方式将知识点传递给学生们。

2. 动手做环节（25 分钟）。四组成员分别制作郑和七下西洋，哥伦布发现美洲，达伽马开辟了欧洲直达印度的新航路，麦哲伦实现了人类历史上第一次环球航行的航海路线简图沙画，巩固知识点，将地理知识融入手工作品中。

3. 一起玩环节（40 分钟）。每组选出一位队长，扮演航海家，带领全队挑战真人版航海大富翁游戏。游戏题目均为授课知识点，学生们利用前两个环节学习到的知识进行对抗游戏，加深了学生对知识的理解，激发了他们对海上丝绸之路探究的兴趣，寓教于乐。

4. 带回家环节（5 分钟）。着重强调展览内容与知识的相关点，按照游戏排名分发"海丝"课程指导手册、博物馆主题盒子等辅助学习材料，鼓励学生们课后将丝路海洋课程的美好体验带回家，在分享中继续学习和思考。

六、拓展和延伸

成果汇报展览和"家长开放日"。在课程结束后，博物馆教育员指导学生将手工成果做成展板，分别在学校组织家长开放日、在博物馆开辟专门区域进行汇报展览。

◎ "丝路海洋" PPT 授课教案：

P1

同学们大家好，我是葫芦岛市博物馆的教育员，很高兴有机会可以和大家一起学习我们的博学汇海上丝路系列课程，我将会为大家带来两节课，今天的课程主题是丝路海洋，主要了解海上丝绸之路和历史上四位著名的航海家。

那么，你们知道什么是丝绸之路吗？

丝绸之路从运输方式上，主要分为陆上丝绸之路和海上丝绸之路。

P2

陆上丝绸之路，是指汉武帝为了联合西域各国对抗匈奴，派张骞出使西域，以首都长安为起点，经中西亚抵达地中海、罗马，这条古代东西方文明交汇之路，要穿越漫漫黄沙，而丝绸是其中最具代表性的货物，所以得名丝绸之路。

P3

海上丝绸之路是与陆上丝绸之路相对的，古代中国与世界其他地区进行经济文化交往的海上通道。从广州出发到南洋甚至远达非洲的海上丝绸之路，是已知的最为古老的海上航线。

在博物馆三楼有一个海上丝路专题展厅，欢迎大家来参观。

P4

近代以前，由于陆路交通不发达，海路在经贸文化交流方面占有绝对的比重。海上丝绸之路就像地球上一个巨大的贸易交流网，它形成于秦汉，繁荣于唐宋，转变于明清，贯穿了埃及、东南亚、日本等地域，是沟通中国与亚、非、欧洲国家的海上经济大动脉。

海上丝绸之路有三条主要航路，其一是由中国沿海出发向东经朝鲜半岛通向日本，其二是向南到达东南亚诸国，其三是由广州等海港出发向西抵达红海、地中海和非洲大陆。凭借着海上丝绸之路，满载着货物的商船极大地繁荣了沿途国家的经济，并且一路传播文明与和平。

你们知道当时最受欢迎的中国货物都有什么吗？

中国输往世界各地的主要货物，从精美华丽的丝绸到莹润光亮的瓷器与清香四溢的茶叶，形成一股持续吹向全球的东方文明之风。同时沿途国家的金银宝石香料和宗教等也源源不断地传往中国。

在海上远航路途艰辛，需要有经验丰富的航海家领队，15—18世纪在航海史上是一个群星璀璨的时代，涌现了很多优秀的航海家。

你们知道的航海家都有谁？

P5

我们今天要认识的第一位航海家就是郑和。

郑和是中国历史上最杰出的航海家，曾经先后七次奉旨率船队远航西洋，当时的西洋指的是文莱以西的东南亚和印度洋沿岸。让我们通过一段动画来了解郑和下西洋的历史吧。

动画的结尾提到了大航海时代，你们知道大航海时代是怎样开始的吗？

P6

一个叫马可·波罗的旅行家写了一本游记，书中把亚洲描述成了一个遍地都是黄金和香料的地方，激起了欧洲人对东方的热烈向往，但是奥斯曼帝国阻挡在欧亚大陆中间，想从那里通过就要交很多钱，欧洲各国不想交钱，就只能走水路了，于是大航海时代开始了。

当时的欧洲人还不太了解世界到底什么样，出了欧洲就转向，想在茫茫大海里找一条去亚洲的路，除了需要巨大的勇气，还得靠非同寻常的大脑。

P7

意大利航海家哥伦布 4 次横渡大西洋，结果亚洲没找到，找到了美洲，靠的就是非同一般的大脑。

哥伦布的大脑和别人不一样，含水量很高。他找到美洲，完全是因为算错了地球周长，以为很快就能到亚洲，于是毅然启程，结果误打误撞竟然发现了美洲。

不过哥伦布的脑子除了有水可能还有糨糊，因为他到死都坚持认为自己到的是印度。因此把那里叫作西印度群岛，并把当地居民称作"印第安人"。

我们可以看一下，印第安人和印度人长得可一点儿也不像。

P8

第一个从欧洲航海到印度的人是葡萄牙航海家达伽马，为了获取财富并且和西班牙竞争，达伽马奉国王之命，从里斯本出发，先经过非洲南部的好望角，再航向印度洋，最终抵达印度西岸，开辟了一条从欧洲直接通往印度的新航路，为日后葡萄牙的殖民扩张铺平了道路。返回欧洲时达伽马的船队只剩下了几十人，这是因为在航海期间有很多船员得了一种怪病，先是走不动路，接着就会全身出血，慢慢死去，船员们都把这种怪病称作"海上凶神"。直到18世纪人们才发现，其实所谓的"海上凶神"就是坏血病，由于船员们长期在海上航行，只能吃一些黑面包和咸鱼，没有水果和蔬菜，人体长期缺乏维生素C就会患上坏血病，只要适量地补充维生素C就不治而愈了。

P9

葡萄牙还有一位著名的航海家叫麦哲伦，他是首位环绕地球航行一周的人。

当时欧洲人非常喜欢香料，香料是与之相同重量的黄金价值的好几倍，这些香料主要产自香料群岛，就是现在的印度尼西亚，当时通往那里的航路被葡萄牙掌控，麦哲伦几次申请组织船队进行环球探险都被葡萄牙国王拒绝了，于是他向西班牙国王宣称，向西有一条通往香料群岛的航路。在西班牙国王的支持下，麦哲伦带领由5艘船和200多人组成的船队开始了人类历史上第一次环球航行，中途经历了许多艰难险阻，到达菲律宾时，麦哲伦想通过插手当地两个部族间的争端从而建立殖民地，结果被当地土著杀死。船队剩下的幸存者决定继续向西行驶，当他们终于回到西班牙时只剩下1艘船和18个人了。

虽然麦哲伦没有亲自完成最后的航程，但他的探险航行证明了地球是圆的，世界各地的海洋是相通的，因此人们称他为第一个拥抱地球的人。

P10

我们今天一起了解了四位著名的航海家，你们能说出他们的主要成就吗？郑和七下西洋，哥伦布发现美洲，达伽马开辟了欧洲直达印度的新航路，麦哲伦实现了人类历史上第一次环球航行，新航路的开辟和西方殖民时代的开始改变了传统海上丝绸之路以和平贸易为基调的特性。

与其他三位航海家相比，郑和下西洋是其中规模最大、时间最久的海上航行，而且不同于其他航海家为了殖民扩张的目的而进行远洋航行，郑和下西洋不仅宣扬了明朝威德，而且促进了亚非各国和明朝的经济文化发展。

虽然目的各不相同，但这些航海家执着的探索精神都是值得我们学习的。

P11

接下来，就让我们来动手制作一幅世界航海图吧。

动手做：制作彩沙航海图

航海图制作步骤

1.5—6人分成一组，全班共分为10组

2.以浅绿色为例，将胶水刷在底板上浅绿色的部分，注意胶水不要刷得过多或刷到其他颜色的部分，以免影响效果

3.将浅绿色彩沙均匀撒在涂上胶水的地方

4.等待30秒彩沙凝固后将多余的沙倒回瓶子里

5.涂完一种颜色的彩沙再涂另外一种，注意不要将不同颜色混淆

一起玩：航海大富翁游戏

一、课程名称："青花瓷与海盗"

二、课程概述

"海丝扬帆"儿童教育系列课程之一。以克拉克瓷的故事，介绍中国外销瓷器，欣赏瓷器上承载的东方美学，利用瓷器上的吉祥纹饰绘制瓷盘，激发孩子的民族自豪感。这是一堂博物馆美育课程，突出教育资源的丰富性和直观性。课程强调探究过程，这种探究式学习有助于培养学生开放性和创造性。

三、课程目标

1. 了解克拉克瓷器；

2. 了解中国外销瓷器种类；

3. 中国风对世界的影响；

4. 瓷器上的吉祥纹饰。

四、课程实施地点：合作学校的班级、博物馆儿童活动中心。

五、教学过程（两个课时，90分钟）

1. 轻松学环节（20分钟）。知识导入，利用PPT讲述克拉克瓷器名字的由来，了解中国瓷器畅销欧洲的历史，辨识瓷器上的吉祥纹饰。

2.动手做环节（25分钟）。每位同学根据自己对中国瓷器吉祥纹饰的理解，仿照克拉克瓷的特点，加入吉祥纹饰绘制青花瓷盘子。

3.一起玩环节（45分钟）。四组成员在组长的带领下，对组员的作品进行筛选，选择一个祝福对象（祖国、家乡、学校、自己），制作展板。制作装饰完毕后，每组派出一名代表，对本组的展板进行讲解。

六、拓展和延伸

成果汇报展览和"家长开放日"。在课程结束后，博物馆教育员指导学生将手工成果做成展板，分别在学校组织家长开放日、在博物馆开辟专门区域进行汇报展览。

◎"青花瓷与海盗"PPT 授课教案：

P1

介绍瓷器外销，主要介绍克拉克瓷。

1603 年的一天，在马六甲海域，一艘葡萄牙大帆船"克拉克号"正在海上行驶着，忽然船员们发现有一艘海盗船正急速地向他们驶来，要抢他们的货物，虽然船员们进行了激烈的防御，但是海盗的武装实在是太厉害了，所以无奈被生擒。海盗们载着满船的货物就返航了，回到地中海后，海盗们将骷髅旗换成了荷兰东印度公司的旗帜，原来啊，这些海盗根本就是荷兰东印度公司，因为当时荷兰开始插手澳门马六甲以及澳门与印尼之间多条航线上的贸易往来，所以当时荷兰政府也默许了他们的这种海盗行为。之后，海盗就把这些瓷器运送到阿姆斯特丹拍卖，但是没想到这会成为一场轰动欧洲的拍卖，使荷兰东印度公司的资本翻了一倍。但因为不清楚被拍的瓷器来自何方，欧洲人便以当时大帆船的名字为这种瓷器命名为"克拉克瓷"。

P2

克拉克瓷具有宽边、胎薄、圆口或葵花口，形似盛开的芙蓉花，盘、碗的口沿绘分格或圆形开光，其中有山水、人物、花卉、果实等。

P3

根据考证，克拉克瓷其实是我们中国制造的，但是，在中国本土很少见，只销往海外。克拉克瓷是中国制造的证据：一方面，我们在福建漳州以及江西的景德镇发现含有瓷器碎片的窑口。另一方面，就是明代沉船"万历号"。

P4

"万历号"沉船船货中有大量的明代万历时期景德镇生产的青花瓷器，并且绝大部分是精美的克拉克瓷。发现时船体保存较差，仅存底部，根据船上出土的两门中型的葡萄牙铁炮推测，应该是一艘葡萄牙人的货船，在马来西亚海岸被荷兰人击沉。

P5

以克拉克瓷为代表的白底青花的青花瓷，十分受到欧洲人的喜爱，引起疯狂采购。而且在很长的一段时间里，瓷器在欧洲可以交换同等重量的白银，所以明清外销瓷都做成厚胎，因为这样比较重。

P6

从沉船考古与域外陶瓷考古的文物来看，唐代的越窑青瓷、邢窑白瓷、长沙窑釉下彩绘瓷已大量外销，宋代外销窑口更多。明清时期外销瓷器多由景德镇生产。

P7

欧洲人看到中国瓷器如此热销，也开始探索自己制造生产瓷器。可是想制作出高质量的瓷器，就要先弄懂中国瓷器的秘密。关于中国瓷器的材质欧洲人有很多不靠谱的猜想，大致可归纳为两种思路：一是中国瓷器光洁透明，似乎和玻璃有些说不清的关系；二是中国瓷器价格昂贵，有"白金"之称，难道和炼金术有关？据说为了得到中国瓷器的制造秘密，欧洲人甚至还曾派间谍来景德镇偷学技艺。总之一场"山寨"中国瓷器的运动在欧洲轰轰烈烈地展开了。大约过了三百年，欧洲人才掌握了瓷器的制作工艺。

P8

16世纪以后的海上丝绸之路，太平洋—印度洋—大西洋的全球航线打通，真正的全球化时代来临，而中国瓷器，则充当了人类贸易史上第一件全球化商品的角色。中国瓷器所到之地，就是中国文化传播影响所到之地。这些中国外销瓷，清晰地画出了中国文化影响力的世界版图，哪里出现了中国瓷器，那里的中国文化就已抵达。

P9

因为中国瓷器之故，"全球性文化"首次登场了。以元明清三代瓷器上都有的卷草牡丹花图案为例，这种浓郁中国风的纹饰其实是中国陶瓷工匠对阿拉伯地区的卷草番莲花图案进行的本土化创作，这一纹样版本流传到世界各地，又被当地艺术融合。

P10

中国瓷器纹饰还有一个特点：有画必有意，有意必吉祥。

1. 爵禄封侯：在瓷器上绘制蜜蜂、猴子、鹿，利用谐音代指爵位和俸禄，是中国传统吉祥纹饰。

2. 马上封侯：马上就是即刻，马上封侯喻意即刻就要受封爵位，做大官。纹饰主要有马、蜂和猴子。

3. 官上加官：由雄鸡、鸡冠花组成，或是蝈蝈落在鸡冠花上。用同音和隐喻等手法，表示吉祥寓意。

4. 太平有象：即天下太平、五谷丰登的意思。瓶与平同音，图案中画象驮着宝瓶，瓶中还有花卉。

一、课程名称："深海探秘"

二、课程概述

"海丝扬帆"儿童教育系列课程之一。以中国水下考古成果为主要内容，课程突出了博物馆学习具有传统学校学习无可替代的特点和作用。博物馆学习是基于真实问题的、在具体情境中展开的，有助于实现知识的迁移。动手做和一起玩环节极大地激发了学生学历史的热情和探索科学文化的浓厚兴趣。可以说这种方式打破了传统的教学方式，将学生变为教育的主体，教师成为学生学习的辅助者。

三、课程目标

1. 介绍水下考古；

2. 了解中国水下考古及主要成果；

3. 探秘水下考古船01号；

4. 制作电动小船。

四、课程实施地点

合作学校的班级、博物馆儿童活动中心。

五、教学过程（两个课时，90分钟）

1. 轻松学环节（20分钟）。知识导入，利用PPT和动画片讲解水下考古的历史和相关知识。

2.动手做环节（25分钟）。分为四个小组，利用同学们学习的水下考古相关知识，结合自己的艺术创作，制作一张水下考古粘贴画。

3.一起玩环节（45分钟）。每两位同学组成一个小组，共同完成电动小船的设计和制作。

六、拓展和延伸

成果汇报展览和"家长开放日"。在课程结束后，博物馆教育员指导学生将手工成果做成展板，分别在学校组织家长开放日、在博物馆开辟专门区域进行汇报展览。

◎"深海探秘"PPT授课教案：

P1

我国拥有近三百万平方公里的辽阔海域、1.8万多公里的海岸线和丰富的内陆水域，拥有曾经无比辉煌的航海史，水下文化遗产数量巨大、种类多样。葫芦岛市博物馆三楼海上丝路展厅有关于中国水下考古成就的内容，我们展示了3艘沉船上的瓷器，分别是"小白礁Ⅰ号"清代沉船遗址、"南澳Ⅰ号"明代沉船遗址、绥中三道岗元代沉船遗址。

P2

"小白礁Ⅰ号"清代沉船遗址位于浙江宁波象山渔山列岛海域，2008年发现，出水遗物1000余件，以底款"嘉庆年制""道光年制"青花瓷器为多，现保护展示于国家水下文化遗产保护宁波基地。

P3

"南澳Ⅰ号"明代沉船遗址位于广东汕头南澳海域，2007年发现，出水遗物近 3 万件，以青花瓷器为主，兼及陶器、铁器、锡器、火炮、铜钱、动植物遗存等，是我国水下考古的又一重大发现。现原址保护于南澳海域。

P4

绥中三道岗元代沉船遗址位于辽宁省葫芦岛市绥中县三道岗海域，1991 年 7 月，渔民在绥中三道岗海域拖网捕鱼作业中，偶然打捞出一批古代瓷器和一些破碎的船板，消息上报后，中国水下考古的专业人员随即赶赴绥中开展水下调查与发掘。这是我国首次凭借自己的力量实现的水下考古发掘。

P5

水下考古这个概念，相信同学们都会感到非常陌生和好奇。的确，与历史悠久的陆上考古相比，水下考古可以说是非常年轻，属于新兴的边缘交叉学科。我们知道，历史上由于地震、火山喷发、海啸等自然灾变，一些位于水边的居址、港口、墓葬等沉没于水中；在一些古代航线下，还保存有大量古代沉船和文物。水下考古除发掘水下的古代遗址、打捞沉船和水下文物外，还研究古代造船术、航海术、海上交通和贸易等。

P6

在全球范围内，我国明代以前的海上交通是相当发达的。但我国水下考古学的起步，却比欧美要晚了半个世纪。1985 年，英国人米歇尔·哈恰等人偷偷摸摸地在一艘沉船中打捞出一大批中国康熙年间的青花瓷器和金铃等物，并于次年在荷兰阿姆斯特丹的苏富比拍卖行，将这批瓷器卖出了高价。这件事，曾引起国际博物馆界的义愤，也大大刺激了我国政府和一批考古学者，激发了中国政府与我国考古界建设自己水下考古事业的决心。2009 年，国家文物局水下文化遗产保护中心正式组建，由此揭开了我国水下考古的崭新篇章。同学们知道吗？绥中三道岗元代沉船的调查、发掘是我国独立开展的第一项大规模水下考古工作，填补了我国考古事业的一项重要空白，是中国考古学迈上新的发展阶段的重要标志之一，被评为1993 年中国十大考古新发现之一。

P7

水下考古首先应该水下声呐扫描，利用声呐波确定沉船的位置。

声呐波在海豚和鲸鱼身上也都存在，它们靠这种声波捕食和传递信息。

留在船上的潜水员主要任务是观察下潜同伴的动静，出现安全问题时及时相助。

通过使用探方，水下沉船等遗迹就被横平竖直地分割成许多小方格，这样在每个方格子里可以清晰地进行水下测量和记录。

P8

实际的工作主要分为：表层清理—基线布设—抽沙—探方布设—遗物清理—船板清理—测绘—摄影—录像—文物提取—船板编号—揭取船板—初级保护—包装入箱几个步骤。

P9

认识水下考古设备，气瓶、脚蹼、潜水手电、潜水刀、水下摄像机等。

气瓶：是水下的生命之源，里面装的不是氧气而是高压空气，使潜水员可以在水下呼吸。

脚蹼：降低水的阻力，为潜水提供强大的动力，使水下的考古人员可以解放双手，进行水下的考古作业。

潜水手电：水底的情况十分复杂，深海里更是漆黑一片，危险重重，所以潜水手电是夜潜和深潜的必备工具，除了照明之外还可用来发出求救等灯光信号。

潜水刀：水下作业最怕绞缠，潜水刀可以解除鱼线、渔网或海藻的缠绕，在遇到危险的时候，也可以当作防身用具。

水下摄像机：和陆地摄像机的唯一区别就是防水超强，与平常的摄像机不同的是，水下摄像机外面套了一个防水功能的外壳，录下的短片可作为考古资料和档案保存。

P10

播放水下考古动画片，进一步了解水下考古工作。

P11

由于深海的环境相对稳定，沉船得以水下完整地保存，因此考古学家们常常将水下沉船形容成"时间胶囊"，一艘沉船就定格了一段历史，是古代远洋贸易最具体的缩影。船上承载的物品体现了当时的文化内涵，很多历史学术悬案将被一一揭开。

P12

认识中国第一艘水下考古船"中国考古01号"。

"中国考古01号"是一艘肩负着中国海洋水下考古重任的特殊船只。船体外观虽然看似简单，但其内部设计却纷繁复杂。

船上配有考古仪器设备间、出水文物保护实验室、潜水工作室、减压舱，吊车、救助艇、小型冷藏集装箱等设备。船上配置的A字架打捞吊和折臂吊可伸出船尾3米左右，挖掘、打捞水下3吨以内的物体。海洋中的文物与空气隔绝，为了更好地存放它们，船上专门设置了空气隔离舱。减压舱则可以帮助潜水的考古人员缓解水下压力造成的血压舒张。

动手做：利用背景板、吸管、麻绳、贴布等材料，制作一张水下考古粘贴画。要求艺术表现出海洋环境，比较清晰完整地展示水下考古工作。

一起玩：制作电动小船

第一步：制作电机部分。

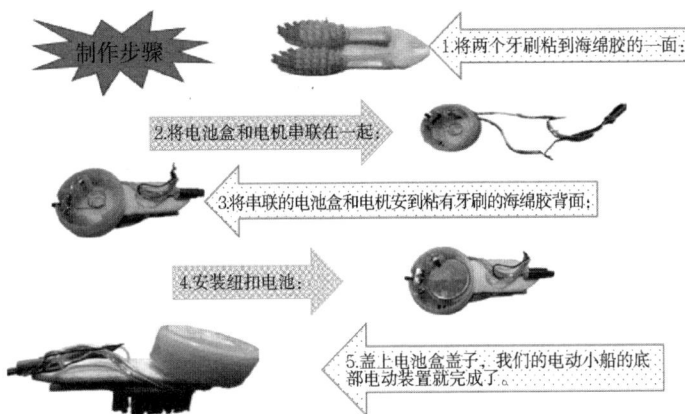

制作步骤

1.将两个牙刷粘到海绵胶的一面；

2.将电池盒和电机串联在一起；

3.将串联的电池盒和电机安到粘有牙刷的海绵胶背面；

4.安装纽扣电池；

5.盖上电池盒盖子，我们的电动小船的底部电动装置就完成了。

第二步：利用超轻黏土，设计并制作船体部分。

一、课程名称："信风吹五两"

二、课程概述

"海丝扬帆"儿童教育系列课程之一。"信风吹五两"是将中国古代航海科技中的用于测风的五两与现代测风器联系起来，讲述了测风器的前世今生。学生们用多彩的羽毛亲手复制了五两，并通过现代科技知识对其进行改良。课程以"项目制学习"作为教育实践方法，让学生通过有意义的探索，深入理解项目的相关概念以及背景知识。在项目制学习的过程中，儿童与他人相互协作，研究并解决问题。这种方法以儿童提出的问题为起点，让他们在自身好奇心的驱使下深入思考和学习，通过动手制作小教具促进认知的发展。

三、课程目标

1.了解中国古代航海中关于导航的相关知识；

2.探索发现五两与测风器的关联；

3.培养团队合作能力；

4.培养孩子的民族自信和文化自信。

四、课程内容

1.古人辨别方向的方法：利用星辰和地磁等；

2.古人航海动力：利用信风带动船帆；

3.根据云彩状态判断天气；

4.五两：把鸡毛五两或八两系在竿顶，观测风力、风向变化；

5.相风鸟与现代测风器、风矢标。

五、课程实施地点

合作学校的班级、博物馆儿童活动中心。

六、教学过程（两个课时，90分钟）

1.轻松学环节（20分钟）。知识导入，利用PPT介绍中国古代航海过程中导航技术的发现、发展等方面内容，将中国古代航海科技中的用于测风的五两与现代测风器联系起来，讲述了测风器的前世今生。大量利用图片、图表的方式解释概念性问题，在课程中鼓励学生发挥想象力和观察力，发现问题、思考问题、解决问题。

2.动手做环节（25分钟）。每位同学利用材料包里提供的鸡羽毛，利用中国古代帆船上五两的原理，制作一个创意测风器。

3.一起玩环节（40分钟）。将同学分成四组，每组选出一位队长，带领组员通过测风实验，不断调整，完善测风功能。挑选本组 2 个最优作品参与展示，全班同学从测风功能和创意设计两个方面选出本班的最佳作品。在玩中学，学生可以更加深入地理解所学的内容；在学中悟，学生在评测中反思整个学习过程，总结项目目标的达成情况，并通过对项目的重新评估，对项目目标提升认知。

4.带回家环节（5 分钟）。着重强调展览内容与知识的相关点，按照游戏排名分发"海丝"课程指导手册、航海小夜灯材料包、博物馆主题盒子等辅助学习材料，鼓励学生们课后到现实场景中寻找和观察测风器，鼓励学生与朋友和家长分享将"信风吹五两"博物馆课程中的美好体验。

七、拓展和延伸

成果汇报展览和"家长开放日"。在课程结束后，博物馆教育员指导学生将手工成果做成展板，分别在学校组织家长开放日、在博物馆开辟专门区域进行汇报展览。

◎ "信风吹五两"课程教案

第一部分：知识导入

教育员：同学们，你们有没有想过，古人的船队在大海中航行时，他们的船那么大，是怎么动起来的呢？他们是靠什么辨别方向的呀？想知道答案？今天，就让我们一起来探索一下吧！

出示四个选项。A.星辰　B.太阳　C.指南针　D.针路图

教育员：小冒险家，你觉得他们都有什么方法呢？你们有没有想到正确答案呢？其实以上几种方法都是正确的！

星辰：古人通过观测星辰，发明了牵星术，它是中国古代航海

时所用的天文导航技术，就是通过测量船舶所在地的星辰高度，来换算该地的地理位置并测定船只航向。这是一项需要能熟练掌握此项技术并具有丰富航海经验的舟师才能使用的技术。

舟师：中国自宋代称掌握海上船只航行的管理、技术人员为舟师。舟师必须懂得观日、观星、观罗针，结合水文、地文情况根据海道针经导航。如果是开发新的航路，舟师必须记录下这条新航路上每一段海路的针路。到明代，分工更加细致，"舟师"指所有船员，而当中专门掌握罗盘的人员称为"火长"。

宋元时期海员职务的确立：随着操控船只技术越来越复杂，每项技术都需要有专人负责，随着时间发展，船员的分工和其职务逐渐确立了一个体系。宋元时期，远洋航业空前发达，这些出海贸易的大小海商往往同时担任着船员的角色，共同形成了宋元远洋船员体系。据史料记载，宋元远洋船员职务体系如下：

1. 管理人员

职务	职责	说明
纲首	船长	一船之首领，为朝廷管理海贸的第一责任人，有的船还设有副纲首。
杂事	协助纲首管理船上杂务	地位仅次于纲首和副纲首，享有"市舶司给朱记"，属于"体制内在编"船员，一般也以巨商充任。
部领	水手头目	负责管理水手，与纲首、梢工、杂事同为船上的重要职事人员。在商船出海时，需要在市舶司给关防上书押。
直库	仓库总管	见于元代海船，管理一船之财货，在船上地位很高。

2. 技术人员

职务	职责	说明
火长	船上司针盘，为船舶导航的高级技术船员	出现于宋代，至元代地位越发重要。
梢工	船尾掌舵之职	元代海船出海，梢工与纲首、杂事、部领一样要在关防上书押，共同承担责任。
碇手	管理碇、锚的船员	碇手需要审看水文地形，测量海深，观向抛锚，技术和经验要求都很高。其赏格在招头、水手之上。
水手	摇橹、扯帆和各种杂役工作	是船上数量最多、工作最杂的职务。
缆工	掌管船上缆索收放之职	
料匠	负责船舶日常维修以及舱缝、刷漆等保养工作	
厨师	负责船上伙食工作	

展示：牵星板（文物照片）和古人使用牵星板的示意图片。

太阳：南宋吴自牧的《梦粱录》曾写过："舟师观海洋中日出、日入，则知阴阳。"南面为阳，北面为阴，知道阴阳就知道南北。在任何一个地方，太阳出入的方位，既与观测者所处的地理纬度有关，也与一年中不同的时节有关，在春秋分附近的太阳出入方位，几乎都位于正东、正西方向。从这里我们就可以看出古人会用观测太阳出没的方位，来确认船只航行的航向。

指南针：指南针被誉为中国古代四大发明之一。在战国时期，人们发明了指南针的前身——司南；晋、南北朝时期，将司南的勺状磁石改为磁针；唐代末期，人们在司南的基础上发明了水罗盘；北宋时期，出现了指南鱼；南宋时期，出现了旱罗盘；元代时，水罗盘和旱罗盘传入了西方；明后期、清初时期，西方改造后的旱罗盘传入中国，出现了中西合璧式旱罗盘。在航海技术的发明中，指南针是一项非常重要的发明，在航海活动中，发挥着不可替代的重要作用。

展示：张仙人俑与旱罗盘图片

针路图："针路"其实就是航线，在罗盘的指引下，从甲地到乙地的某一航线上有不同地点的航行方向，将这些航向联结成线，并绘于纸上，就是人们所说的针路，它又被称为针经、针簿，它是指导人们远航成功的必要条件。

教育员：其实除了以上这些用来辨别方向的航海技术外，古人还依靠自己智慧的大脑，总结出了很多其他的航海技巧，让我们也来学习一下吧。仔细观察一下生活中天气的变化，说不定你也可以用得上哦！

1.看云视天

古人观察天空中云彩的形状、薄厚，彩虹的出现，以此来预测未来的天气如何。还有很多流传下来的俗语哦！

（1）天上扫帚云，三五日内雨淋淋。

（2）天上灰布云，下雨定连绵。

（3）棉花云，雨快临。

（4）天上鱼鳞天，不雨也风颠。

（5）馒头云，天气晴。

2.观察动物活动

（1）如果海鸟随船，说明船离岸很远。

（2）如果海鸟高兴地在船周围飞来飞去，表示离岛屿不远。

（3）渔民出海前，他们会先看捞上来的鱼肚内食物，如果鱼肚内是小鱼虾，预示第二天是好天气；如果鱼肚内多泥沙，第二天天气不好，不出海。

3. 观闪电

（1）春天电相对，夏电左右推；秋从电下来，冬电就其吹。

（2）东电长江水，西电日上红；南电雨如雷，北电南方吹。

教育员：海上航行危险重重，古人除了依靠丰富的航海技术和航海经验外，还会在船队出发前进行海神祭拜，要备香案、烧香、磕头，摆上酒、肉、果、茶、点心，虔诚地祭拜海神保佑平安顺利。现代航海技术已是今非昔比，但这样的祭拜仪式被久久地流传下来，逐渐形成了一种被人们赋予美好祈愿的民俗文化。

教育员：下面，我们来看看古代人的船是依靠什么动力能在茫茫大海中航行的吧！

展示：船舶图片、船帆图片

它叫作帆，是挂在桅杆上张开时能利用风力推动船只在水上前进的兽皮、帆布或其他织物。船员会根据风吹来的方向不同，适当调整角度，以有效利用风能来推动船前进。

说到风能，就一定要提到信风，信风年年反复稳定地出现，犹如潮汐有信，因此称为"信风"。古代商人也利用信风的规律性做航海贸易，因此信风又被称作"贸易风"。

其实早在东周时期，古人就已经开始描绘季节的风向变化。历代舟师在进行水上航行时，不仅能够熟练地利用风向和风力推动船舶前进，而且能够利用风的季节变化规律进行长距离的跨洋航行。

展示：季风图

教育员：那古人是怎么判断风向、风力的呢？古人最早使用的测风工具是一种候风旗，被称为"旒"（liú），其实就是有飘带的旗子。

展示：桅杆上悬挂着"候风旗"的明代郑和宝船图，中间一根顶设"相风乌"。

古人后来为了增加测风的精确度，又发明了一种叫"综"（huán）或"伣"（qiàn）的测风工具，楚人称之为"五两"，就是用五两（或八两）重的鸡羽毛制成"综"挂到旗上，即使一点点风，五两也会动。常用于舟船上和军营中观测风力、风向变化。

展示：相风乌的示意图和秦汉时代相风铜乌

西汉末年，出现了一种测风仪器，叫作"相风乌"。当有风的时候，相风乌下的转枢会随风转动，乌头部也随之转动，头部指向的方向便是风的来向，这是对相风乌工作原理的最早描述。除了候风旗和五两，古人使用较广的测风器还有东汉时期出现的相风铜乌。"相风乌"也称"伺风乌"，有木制和铜制两种，传说发明于舜禹时代。相风乌是世界上最早的测风器之一，欧洲人到公元12世纪时才发明出类似的测风装置"候风鸡"，比中国晚逾千年。

动手做：同学们，大家自己动手做一个五两吧！

1.拿出其中一张彩纸，用笔画出小鸟的图案。

2.把两张彩纸对齐，照着小鸟的形状剪出来。

3.把吸管剪成适当大小，放在其中一张彩纸的中间。在吸管两侧粘上双面胶，将吸管固定住，然后将两张纸粘在一起。

4.在剩余的彩纸上剪一个圆，将竹签从圆中心穿过。

5.将竹签穿入吸管中。

6.最后用双面胶把羽毛缠好，粘在小鸟的尾部。漂亮的五两就大功告成啦！

教育员： 五两测风的效果怎么样呀？其实，在我们现代生活中依旧可以发现它的影子。请大家猜一猜这个标识是什么啊？

展示： 风矢标志和风矢示意图

在天气图上，有两种表示风向的标志，一种是短箭头，另一种即为风矢。风矢由两部分组成，分别为风向杆与风羽，风向杆指的是风的来向，气象台站预报风时，公众媒体用 8 个方位，气象观测记录用 16 个方位。

大风的风羽由 3 或 4 个短画和三角表示风力，垂直在风向杆末端右侧（北半球）。

教育员： 同学们，风羽的叫法跟五两的测风功能有没有关系呢？原来我们在现实生活中还能见到它啊，它离我们也并不遥远嘛。下课后，大家可以去气象观测站中观察现代测风器，期待你们的新发现。

一起玩： 知识迁移

利用课堂上学习到的关于辨识天象和测风的知识，制作一张立体画报。用立体画报布置展示板。

丝路海洋课堂作品

信风吹五两课堂作品

深海探秘课堂作品

青花瓷与海盗课堂作品

课堂

作品展

◎解析：

馆校合作教育是博物馆公共教育发展的新趋势。20世纪末，国际教育和博物馆领域兴起了馆校合作运动。一方面，促进了博物馆的职能转型，将博物馆传统的收藏、陈列职能转向公共服务，突出了博物馆的教育服务职能；另一方面，对于教育改革而言，馆校合作引入了新的外部资源和可能的合作空间，重新整合学校教育与社会教育的关系，界定了学校的职能边界。为进一步提升我国博物馆青少年教育工作能力，教育部、国家文物局自2014年起组织开展了"完善博物馆青少年教育功能试点"项目，对深入推进馆校合作、探索建立中小学生利用博物馆学习的长效机制发挥了积极作用。2015年国家文物局发布了《关于加强文教结合、完善博物馆青少年教育功能的指导意见》[①]，在政策层面积极推进博物馆与学校教育合作，馆校合作逐渐成为博物馆青少年教育工作的重要组成部分。与此同时，各地博物馆不断深化馆校合作的实践探索和理论研究，取得了一定的新成果，形成了一系列的新思路和新做法。2018年葫芦岛市博物馆推出的"博学汇——馆校教育合作"项目，通过与本地五所小学，经过多年的教育合作实践，在项目宣传与品牌推广、合作与分工、课程开发设计等方面进行了一些有益尝试，凝结了一些新的工作理念。

一、项目宣传与品牌推广

首都师范大学文化研究院针对博物馆教育工作开展了问卷调研

---

① 中国政府网 http：//www.moe.gov.cn/jyb_xxgk/moe_1777/moe_1779/201509/t20150915_208161.html。

工作，通过数据分析，显示了目前博物馆与学校合作的三点基本特征。一是学校合作态度不积极。从业者反映，大部分学校对馆校合作态度不积极，80%以上的从业者在调查问卷中选择"小部分学校愿意参加"或"不愿参加"。访谈也发现，多数地方教委并没有将博物馆教育列为学校正式的教学任务，学校缺乏组织相关活动的动力。二是合作形式单一，频率不高。在参与调查的学校中，馆校合作的形式主要是组织学生到博物馆参观，其次为博物馆进校园，学校与博物馆合作策划课程或者开发教材的情况比均不到10%。三是教师满意度偏低。问卷显示，有将近70%的教师对学校利用博物馆资源的情况表示不满意。

　　追根溯源，博物馆与馆校合作现状以及博物馆教育工作遇到的困难，除了教育主管部门缺乏相关配套政策的推动这个根本原因外，全社会对博物馆教育工作的认识不足，也是制约当前我国博物馆青少年工作发展的重要原因。就目前情况来看，博物馆是馆校教育合作的主要推动者，应主动对于自身实施的教育项目进行宣传和品牌塑造。博物馆要具备营销意识，重视对自身教育品牌的推广，通过项目宣传和品牌推广，提升学校、教师和家长对博物馆教育工作重要性的认识，这是有效开展馆校教育合作的第一步。

　　葫芦岛市博物馆"博学汇"项目在组织实施阶段设计了项目推介会、项目启动式、家长开放日、作品成果展、社会实践课程汇报等具有宣传和推广作用的五个环节。1.项目推介会是学校与博物馆直接交流与沟通的平台。课程内容设计完成后，项目组邀请本地五所小学的主要领导和教师代表参加了项目推介会，通过课程试讲、手工材料包展示，凸显出博物馆教育优势，并针对合作模式、经费及课程安排等相关问题做了现场解答，就博物馆教育在学校中的应用与各位学校代表进行了讨论。五所小学通过推介会打破了博物馆教育就是集体参观的传统意识，被内容丰富、设计新颖的课程吸引，对合作模式感到满意，随即达成合作意向并签订馆校合作协议书。2. 项目启动式是利用媒体报道，为馆校教育合作项目造势的环节，为项目吸引更多的社会关注，提升本项目的知名度和影响力。

3. 家长开放日是以校内展出的形式，通过学生展示自己的手工作品、分享自己的课程感受，向家长汇报博物馆教育成果。让家长近距离接触博物馆教育，感受博物馆课程的魅力，增强对博物馆教育重要性的认识。4. 作品成果展是在博物馆专门开辟的空间内展示馆校教育作品成果，让更多观众知晓馆校教育合作项目，扩大宣传。

5. 鼓励、支持学校将博物馆课程作为特色课程展示汇报，加深教育主管部门对博物馆教育的了解和重视。

家长开放日

二、合作与分工

馆校合作教育项目是博物馆联合学校对博物馆教育资源进行的

课程化开发，是双方资源的整合与共享。在合作与分工方面重点考虑两个问题：第一是教育合作如何满足馆校双方的合作需求从而实现教育目标；第二是如何突出各自的优势，实现工作效率最大化。

馆校合作项目的本质是社会教育资源共享，博物馆拥有场馆，承载人类文明的文物标本、研究成果，学校拥有专业教师队伍和学生，博物馆为学校提供教育资源，学校为博物馆教育提供了传播者和受众。博物馆开展馆校合作项目的主要目标是扩展博物馆教育覆盖面，强化其自身的教育职能，突出博物馆作为公共文化场馆在社会生活中的影响和地位。学校则是利用博物馆特殊的资源属性，丰富传统体制教育内容和形式，为进一步深化教育改革吸纳社会教育资源。双方的工作出发点就决定了馆校合作是由博物馆主导，学校提供平台辅助教学的教育模式。博物馆掌握着其教育资源所有权，希望通过学校这个教育平台实现教育目标，而学校将博物馆教育作为众多社会教育资源中的一部分，从目前经验来看，无论是采取哪种合作教育方式，无论是带学生到展厅参观、活动室授课或是开发博物馆课程，学校和教师都更愿意相信博物馆的专业性和权威性，接受博物馆作为合作教育的主导者。博物馆应在项目合作、课程开发和教师培训方面发挥资源优势，起到引导作用，学校则应该在组织教学、开展活动等方面起到积极的配合和协调作用。

2018年葫芦岛市博物馆安排专项经费，组建青少年教育团队，聘任8位学校骨干教师共同开展"博学汇"馆校合作教育项目。该项目以馆校合力，发挥各自资源优势，在小学开展博物馆教育为目标，由博物馆负责项目规划、课程研发，学校负责辅助教学、组织学生。教育团队开发了"海丝扬帆"系列课程，设计了教具材料包——"博物馆盒子"，印制了《海丝扬帆——博学汇课程指导手册》。以班级为单位，采取2+2的授课模式，即博物馆2位教育员与班主任和辅导员共同授课模式。随着博物馆与学校合作的深入推进，博物馆教育员与受聘教师逐渐对馆校教育有了新的理解，有了一些新的突破。在2019年的"博学汇"项目中，合作学校和骨干教师发挥了积极的作用，新版社会实践课程手册由博物馆教育员与教师共同编写；不再局限于课堂授课，尝试将戏剧、竞赛等多种手段应用于教学实践，而互动剧"使闯天下"、知识竞赛和展演的组织排练工作均由校方指派的专业老师在校内完成。各参与班级的班主任也将博物馆教育融入日常教学中，布置写作和分享交流任务，鼓励学生给博物馆写信，要求家长关注博物馆动态，激发家庭参观博物馆热情。

三、课程开发设计

宋娴博士在其出版的《博物馆与学校的合作机制研究》一书中列举了博物馆教育的优势：一是博物馆独一无二的教育（或者课程）资源。由于博物馆在物品整理、收集上的优势，这些资源相比于学校资源，具有直观性、稀缺性等特点。二是博物馆学习具有传统学校学习无可替代的特点和作用。博物馆学习是基于真实问题的、在具体情境中展开的，与学习者的经验世界直接相关联的非正式学习，有助于实现知识的迁移。三是博物馆学习强调探究过程，这种探究式学习有助于培养学生开放的科学态度和知识理念。四是相比于传统学习，博物馆学习在动作技能习得、兴趣培养、知识理解、社会学习方面，具有无可比拟的优势。因而，引入博物馆作为学校教育的合作对象，对传统国民教育改革和提升，具有极为重要的意

义。"博学汇"项目强调突出博物馆教育优势,全面培养学生核心素养,在课程开发设计方面遵循以下四个原则:

1. 选题具有时代性

博物馆是以实物为载体的历史文化宝库,也是人类终身学习孜孜不倦的课堂,博物馆学习最大的魅力在于博物馆是连接过去、现在和未来的桥梁,求知者可以穿越时空,既窥视历史又关注当下。博物馆教育的真谛是以古鉴今、见微知著,是诠释社会语境、呈现时代风貌。发挥博物馆的现实意义或者说是问题意识才是博物馆青少年教育的最终指归。[①]

"博学汇"项目在 2018 年确定"海丝扬帆"系列课程为教育内容,包括"丝路海洋""信风吹五两""深海探秘""青花瓷与海盗"等以中国古代海上丝绸之路为背景,涉及大航海时代、中国古代航海科技、水下考古、"海丝"瓷器贸易四方面内容。旨在积极响应"一带一路"倡议,丰富小学生对海上丝绸之路历史知识储备,激发学生们对探究历史的热忱之心,从而引发对"21 世纪海上丝绸之路"的关注和思考。具有时代意义、联系当下生活的选题受到学校的欢迎,是学校全面提高学生综合素质的有效补充。

2. 内容科学严谨

专业领域的研究成果也是博物馆教育输出的优势,馆校合作教育课程开发内容必须以科学严谨为标准,尤其是博物馆课程打破了学科之间的壁垒,融历史、艺术、地理、语文、科技等多学科知识为一体,内容涉及多个领域,一定要言有其据,查有其出。同时,

---

① 赵菁:《中国博物馆青少年教育工作指南》,文物出版社,2018 年,第 70 页。

要关注最新的研究成果，对于有争议的学术问题，采用主流观点。

3.教育模式多元化

馆校教育合作教育课程形式设计要以符合青少年的年龄、兴趣特征为出发点，将不同类型、不同形式、不同场地、不同群体的教学资源优化整合，为学生提供多元化教育体验。"海丝扬帆"系列课程，每节课均由两个课时组成，通过背景知识趣味讲、创意手工动手做、戏剧游戏一起玩等环节，完成授课内容。"丝路海洋"课程将海洋大富翁游戏带进课堂，孩子们在四大航海家的带领下，利用学习到的大航海时代历史和地理知识进行冒险闯关，真正实现了寓教于乐。"信风吹五两"是将中国古代航海科技中的用于测风的五两与现代测风器联系起来，讲述了测风器的前世今生，学生们用多彩的羽毛亲手复制了五两，并通过现代科技知识对其进行改良。"深海探秘"普及了水下考古相关常识，给孩子们开启了新的知识领域，做艘世界上最先进的考古船成了他们的愿望，看着自己做的电动小船真正动起来的时候，也是孩子们科技强国梦想开始的时刻。"青花瓷与海盗"展示了青花瓷无与伦比的东方之美，学生们通过流向海外的中国瓷器，了解中国优秀传统文化及中国文化对西方的影响，设计绘制青花瓷盘，在分享环节用吉祥纹饰的寓意祝福自己、祝福集体、祝福祖国。形式多元的强调情境式、参与式、互动式的授课模式让老师和学生耳目一新，教育成果显著。"博学汇"项目在2019年又增加了互动剧、知识竞赛等教育方式，均得到了学生们的热烈回应。不拘泥于学校传统课堂学习模式，实物教学、情景带入、自由探索、启发创新的多元化教育形式，让学生们在玩中学、学中乐、乐中思、思中悟。

4. 兼具个性和共性

课程开发设计是馆校教育合作中的一个重要组成部分，也将起到连接展馆和校园的纽带作用。如何通过博物馆课程吸引更多的学生反复参观博物馆，如何引导学生们将博物馆作为终身学习的课堂，需要在课程设计时兼具个性和共性，既要突出本馆特色，又要有博物馆终身教育大视野。

"博学汇"教育项目的课程设计突破传统学科划分，根据博物馆教育资源特点，以建立课题为中心，在学习内容的基础上更突出学习兴趣、习惯和方法的培养。引导学生们将参观各地、各类博物馆作为自己认识世界的有效途径，突破传统学习思维模式，在博物馆里发现问题、思考问题、解决问题。利用博物馆资源提升自身学习的能力，尤其是自学能力，是博物馆教育的目标，也是博物馆教育的共性。博物馆教育共性强调的是方式方法，是可复制推广的，在坚持共性的同时，博物馆教育项目也要兼具个性，课程内容应该立足于本馆藏品特色和优势。"海丝扬帆"系列课程就是针对本馆的"海上丝路"专题陈列开发的，学生们在课堂上学习的相关知识，到这个展览里可以找到共鸣，可以解答课堂上的疑惑，也可以发现更多的兴趣点。从教室到展厅的关联，增加了学生们对博物馆的亲近感，也带动了家庭成员到博物馆参观，拓宽了葫芦岛市博物馆的社会教育覆盖面。

◎策略：

1. 博物馆儿童教育品牌的营销意识

随着《关于利用博物馆资源开展中小学教育教学的意见》的下发，各地会非常重视，但学校会站在自己的立场上看：我有哪些资源、我需要哪些资源、我通过什么渠道来获取这些资源？这些就需要博物馆与学校来对接①。博物馆教育与学校教育是补充和融合，双方需要更深入地了解彼此的优势与需求。相比一些知名大馆的 IP 效应，基层博物馆在开发馆校教育合作项目时要具有一定的品牌营销意识。首先，要了解学校的教育需求，针对学校开展传统文化教育和素质教育的目标，有的放矢地挖掘博物馆资源，研究开发系列活动课程。其次，儿童教育课程的开发不但要体现博物馆教育的优势，与学校的传统教育方式有所区别，还要突出本馆文物资源的特色。最后，要特别注重教育活动成果的展示、反馈和宣传，让上级主管部门，更多的学校、家长和学生了解博物馆课程，了解到博物馆教育，从而向往博物馆课程，参与博物馆教育。

2. 馆校教育合作项目开发的价值取向

馆校合作教育项目开发要以培养儿童"核心素养"为根本出发点，"以儿童为中心"，既强调知识建构又强调学习者的发展，课程设计强调博物馆学习的趣味性、互动性和体验性，兼顾学生的学习需要和能力培养。博物馆教育要打破学科的界限，将儿童的思维和认知置于历史文明的长河中，在优秀的传统文化中寻找自我身份的认同与归属感。馆校教育合作项目开发时要秉持社会主义核心价值观，帮助学生树立积极、正确、健康向上的人生观、世界观，使其

---

① 李吉光：《让博物馆为孩子播下成长的种子——教育部教育发展研究中心副主任陈如平访谈》，《博物院》，2021 年第 1 期。

终身受益。①

3.课程设计进一步考虑受教者的需求、兴趣和知识经验的关联度

学生是学习的真正主体，是学习的主人。在博物馆课程设计中，要进一步考虑学生的知识经验和学习需求，做好调查了解，知晓学生的现实知识背景和逻辑知识背景，找到兴趣点和需求点的关联度，设计学生真正喜欢的博物馆课程。

4.评价体系需进一步完善

评价是课程的关键一环，对课程的完善起导向性作用。今后的博物馆课程，还要进一步完善评价体系，促进课程向更高质量发展。

案例：海丝寻亲记

◎类型：

课程指导手册（答题书）

◎概述：

是"海丝扬帆"系列课程的游戏答题书。以读者第一视角，化身小冒险家，在青白先生和黑酱大叔的配合下，帮助克拉拉小姐寻找妹妹的故事为主线，巧妙地融合古代海上丝绸之路、古代航海技术、青花瓷外销和水下考古的相关知识。

◎形式设计：

这是一本不同寻常的书，不能按照常规顺序阅读，而是随着剧情的展开，引导孩子根据他们给出的答案来回跳跃式阅读。

---

① 中国博物馆协会社会教育专业委员会：《中国博物馆青少年教育工作指南》，文物出版社，2018年，第32页。

◎角色介绍：

克拉拉

青白先生

黑酱大叔

克拉拉（姐姐）、克美美（妹妹）、青白先生和黑酱大叔是原创漫画角色，灵感来源分别是克拉克瓷、外销青瓷和磁州窑瓷器。

◎内容：

P1

开启你的冒险之旅

你准备好了吗？这是一场惊心动魄的冒险，会考验你的脑力极限，我相信你已经跃跃欲试，那就让我们开始吧！

故事从第 2 页开始，马上就会有需要解开的谜题，需要你挖寻线索，做出正确选择，选择形式如下：

认为正确答案是 A，翻至第 5 页（图标）。

认为正确答案是 B，翻至第 17 页（图标）。

你的任务是解决每一个问题，如果你认为正确答案是 A，请翻至第 5 页，找到标记（图标）。你会在那里找到故事进一步发展的线索。

如果你选择错误，别担心，我们会有提示，指引你回去重新选择。

现在，你准备好了吗？翻过这页，开始冒险吧！

P2

有一天，你收到了一封神秘的来信。

亲爱的小冒险家：

我是克拉拉，很久以前我的妹妹克美美准备乘船来欧洲看望我，途中她乘坐的船只沉没了，她也失踪了，我非常想念她，你能帮我找到美美，并带她来欧洲见我吗？

　　附上一张我的照片，我的妹妹与我长得很像，可供你参考。

来自欧洲的克拉拉小姐

　　准备好出发，翻至第24页，开启你的旅程！

　　P3

　　（1）非常遗憾，回答错误！

　　其实古人很环保，也很智慧，请在大自然中寻找一下吧！

　　翻至第19页，重新选择。

　　（2）青白先生：回答正确！我们想要确定克美美遇险的位置，首先利用声呐波确定沉船的位置。

　　那我再告诉你一个秘密吧，海豚和鲸鱼是通过发射声呐波捕食和传递信息的哟。

　　黑酱大叔：水下实际情况很糟糕，我们该如何营救克美美呢？

　　直接用铁锹挖，翻至第8页。

　　先进行表层清理，翻至第17页。

　　（3）回答错误！

　　翻至第9页，重新选择。

　　P4、5

　　克拉拉、克美美：谢谢你！小冒险家！

　　青白先生、黑酱大叔：我们下次再见！

　　P6

　　（1）回答正确！

青白先生：古代商人也利用信风的规律性做航海贸易，因此信风又被称为"贸易的风"。

黑酱大叔：那你知道这个是用来做什么的吗？

装饰，翻至第 18 页。

测风力、风向，翻至第 26 页。

（2）回答错误！

麦哲伦环球航行是从西班牙出发，走的可不是这条路线哦！

翻至第 8 页，重新选择。

P7

（1）回答错误！

翻至第 20 页，重新选择。

（2）回答错误！

翻至第 12 页，重新选择。

（3）恭喜你，答对啦！

china——瓷器

China——中国

由此可见，外国人是多么热爱中国的瓷器啊！

克美美：那他们当时掌握了烧制瓷器的技术了吗？

掌握了，翻至第 16 页。

没掌握，翻至第 10 页。

（4）回答正确！

来自中国的瓷器，十分受欧洲人的喜爱，很长一段时间里，瓷器在欧洲可以交换同等重量的白银，所以明清外销瓷都做成厚胎，因为这样比较重，能获得更多的收益。

克美美：快看！是我姐姐，我们到了！

请翻至第 4 页。

P8

（1）回答正确！你的观察能力很厉害哦！那你知道这个叫什么吗？

开光，翻至第 13 页。

大圆圈，翻至第 16 页。

（2）回答正确！

欧洲人到公元 12 世纪才发明与"相风乌"类似的测风装置"候风鸡"，比中国晚逾千年。

克美美：我们什么时候才能到欧洲呀？我迫不及待想见到姐姐啦！

青白先生：嗯……这个嘛，来请教一下航海家吧！

郑和，翻至第 20 页。

哥伦布，翻至第 28 页。

达伽马，翻至第 14 页。

麦哲伦，翻至第 6 页。

P9

恭喜你！回答正确！他是船上的"亚班"，他的工作就是整修船帆、悬挂旗帜、瞭望等。

青白先生：你知道克美美乘坐的是哪个国家的商船吗？

英国，翻至第 10 页。

西班牙，翻至第 8 页。

葡萄牙，翻至第 17 页。

荷兰，翻至第 3 页。

P10

（1）回答正确！

欧洲人看到中国人的瓷器如此热销，也开始探索自己制造生产瓷器，据说为了得到中国制造瓷器的工艺技术，还曾派间谍来景德镇偷学技艺。但大约过了三百年，欧洲人才真正掌握了瓷器的制作工艺。

青白先生：所以瓷器的身份很高贵，你猜瓷器在欧洲可以交换同等重量的什么？

铜钱，翻至第 16 页。

白银，翻至第 7 页。

（2）回答错误！

翻至第 27 页，重新选择。

（3）回答错误！

目前水下考古专用船只还没有开发到 100 号。

翻至第 24 页，重新选择。

（4）回答错误，翻至第 9 页，重新选择。

（5）回答错误，China 是"中国"的英文！ 翻至第 26 页，重新选择。

P11

（1）回答错误！

古代大帆船上怎么会有 GPS 呢！

翻至第 21 页，重新选择。

（2）回答错误！

这些都是从国外运往中国的货物。

翻至第 21 页，重新选择。

（3）回答正确！

其实"机械手臂"是中国考古 01 号上配置的 A 字形打捞吊和折臂吊，可伸出船尾 3 米左右，挖掘、打捞水下 3 吨以内的物体。

黑酱大叔：接下来，拿上你的装备，我们登船吧！

气瓶、脚蹼、潜水手电，翻至第 15 页。

防晒霜、游泳圈、太阳镜，翻至第 18 页。

（4）回答错误！

暴风雨可怕，"海上凶神"更可怕！

翻至第 23 页，重新选择。

P12

回答正确！就是七次！

郑和从 1405 年到 1433 年，28 年间七下西洋，是中国古代规模最大、船只最多、海员最多、时间最久的海上航行，比欧洲国家航海时间早半个多世纪；他带领船队访问了世界上 30 多个国家和地区，最远到达了非洲和红海地区；他推行和平的外交政策，积极发展海外贸易，传播中华文明，为后世积累了丰富的航海经验和海洋知识。

黑酱大叔：郑和七下西洋带回来很多国外的珍宝异兽，他从非洲带回来的一只动物与中国典籍中记载的"麒麟"极为相似，你知道它是什么动物吗？

长颈鹿，翻至第 23 页。

犀牛，翻至第 7 页。

P13

（1）回答错误！

这是黑酱大叔第二句想说的话。

翻至第 17 页，重新选择。

（2）非常遗憾，回答错误！

漳珍珍：我叫漳珍珍，我不是克拉克家族的成员。

翻至第 22 页，重新选择。

（3）错了哦！

请返回第 29 页，再仔细观察一下哦！

（4）回答正确！

开光：克拉克瓷的特点是多层次的开光装饰。就是画出多个边框，并在框中间画画。

克美美听到了你的来意，非常感谢你。

克美美：哇，你是我遇到的第二帅的人！

黑酱大叔：那第一帅的是谁啊？

克美美：我在登船时看到一个站在桅杆顶上的人，特别帅气！你知道那个人在做什么吗？

瞭望，翻至第 9 页。

耍帅，翻至第 25 页。

P14

（1）青白先生：回答错误！达伽马是从里斯本出发绕过非洲好望角，最终抵达印度西岸，与我们走的不是一条路线。

翻至第 8 页，重新选择。

（2）青白先生：回答正确！"海上凶神"就是坏血病。当时的欧洲船员们比较容易得坏血病，因为他们在船上只能吃黑面包和腌鱼，而郑和船队带了很多蔬菜和水果，补充了维生素 C，所以他们没有得坏血病。

克美美：不知道当初姐姐通过海上丝绸之路去欧洲时有没有遇到这种情况。

你知道克拉拉小姐是通过哪条海上丝绸之路到达欧洲的吗？

P15

回答正确！

气瓶：强调100遍！！！气瓶里装的不是氧气，而是高压空气，使潜水员可以在水下呼吸。

脚蹼：降低水的阻力，为潜水提供强大的动力，使水下的考古人员可以解放双手，进行水下考古作业。

潜水手电：潜水手电是夜潜和深潜的必备工具，除了照明以外，还可以发出求救等灯光信号。

青白先生：先到哪艘沉船找线索呢？

绥中三道岗沉船，翻至第23页。

南澳一号，翻至第19页。

"万历号"，翻至第16页。

P16

（1）回答错误！

显然不是这样！

船舶之间"打招呼"的方式通常使用号笛或者灯光。

翻至第30页，重新选择。

（2）回答错误！

它不叫大圆圈哦！

翻至第8页，重新选择。

（3）回答错误！

如果自己会做，那他们为什么还要不远万里来中国购买呢？

翻至第7页，重新选择。

（4）回答错误！

克美美：我们那么高贵，怎么可能等同于铜钱呢！

翻至第10页，重新选择。

（5）太棒了，你答对了！

"万历号"是一艘装载着大量克拉克瓷器的葡萄牙商船，沉船时间为明万历晚期。

黑酱大叔：这就是克美美遇险的海域，那我们应该怎么确定沉船的位置呢？

大喊三声"克美美"，翻至第25页。

进行水下声呐扫描，翻至第3页。

P17

（1）青白先生：回答正确！我们要按照水下考古挖掘的正确工作步骤来一步一步地营救克美美，主要分为：

表层清理→基本布设→抽沙→探方布设→遗物清理→测绘→摄影→录像→文物提取→船板编号→揭取船板→初级保护→包装入箱

黑酱大叔：？

你正要将挖掘出的文物立即带回到船上，黑酱大叔突然大喊一声，他喊了什么呢？

Congratulation！翻至第13页。

Stop！翻至第22页。

（2）回答正确！

克美美：当我们的船舶正在海上行驶时，突然我听见了几声巨响，海水涌进了船舱，我两眼一黑……

欲知后事如何，翻至第25页。

P18

（1）回答错误！

翻至第6页，重新选择。

（2）回答错误！

我们可不是来度假的哦！

我们是来寻找线索的！

翻至第11页，重新选择。

（3）回答错误，抱歉你的船再次沉没了！

翻至第25页，重新选择。

（4）回答错误！

陆上丝绸之路是一条古代东西方文明交汇之路，要穿越漫漫黄沙，而丝绸是其中最具代表性的货物，所以得名丝绸之路。

翻至第14页，重新选择。

P19

（1）回答正确！

牵星术：它是中国古代航海时代所用的天文导航技术，就是通过测量船舶所在地的星辰高度，来换算该地的地理位置并测定船只航向。这是一项需要能熟练掌握此项技术并具有丰富经验的舟师才能使用的技术。

舟师：中国自宋代称掌握海上船只航行的管理技术人员为舟师。舟师必须懂得观日、观星、观罗针，结合水文、地文情况，根据海道针经导航。如果开发新的航路，舟师必须记录下这条航路上每一段海路的针路。

黑酱大叔：那你知道大帆船航行的动力是什么吗？

蒸汽，翻至第 3 页。

信风，翻至第 27 页。

（2）青白先生：回答错误！南澳一号沉船里没有寻找到克美美的线索。

翻至第 15 页，重新选择。

P20

回答正确，就是郑和！

郑和是中国历史上最杰出的航海家，他曾多次奉明成祖旨意率船队远航西洋，当时的西洋指的是文莱以西的印度洋和非洲沿岸。

郑和：别着急，你们已经到达印度洋，很快就能到欧洲了。

黑酱大叔：那你知道郑和一共下过几次西洋吗？

七次，翻至第 12 页。

十七次，翻至第 7 页。

P21

（1）回答正确！我们要出发了！你知道古代大帆船在茫茫大海中是依靠什么进行导航的吗？请选择最具代表性的选项。

牵星术，翻至第 19 页。

GPS，翻至第 11 页。

（2）回答正确！对于易碎的瓷器来说，坐船可比骑骆驼要安全多啦！

黑酱大叔：海上丝绸之路是沟通中国亚、非、欧洲国家的海上经济大动脉。你知道当时最受欢迎的中国货物是什么吗？

茶叶、瓷器、丝绸，翻至第 26 页。

香料、珠宝，翻至第 11 页。

P22

黑酱大叔：Stop！水下文物会在出水的瞬间，因为水的表面张力、浮力的消失，水的重量等因素造成遗物的崩毁，必须在出水前进行科学保护，所以不能立即上船。

青白先生：不仅是文物，你也必须进入减压舱进行减压，否则你身体中的惰性气体会残留在身体组织中，造成严重的减压病，甚至危及生命。

谁是克美美呢？

克美美，翻至第 29 页。

漳珍珍，翻至第 13 页。

P23：

（1）回答正确，就是长颈鹿！

郑和的船队到了东非后发现当地的长颈鹿外观与中国古籍中描绘的"麒麟"太过吻合，而当地索马里语又称之为"基林"（Giri），发音与麒麟非常相似，只是脖子稍显长了一些。

青白先生：郑和七下西洋，道路艰辛且漫长，但他的船队乘风破浪，最终都安全返航。

黑酱大叔：那他没有碰到"海上凶神"吗？

你知道"海上凶神"是什么吗？

暴风雨，翻至第 11 页。

坏血病，翻至第 14 页。

（2）回答错误！

绥中三道岗海域有一艘元代沉船，它装载了大量磁州窑的瓷器。磁州窑品种诸多，以白地黑花、刻划花、窑变黑釉最为著名。

黑酱大叔：克拉拉和克美美可不属于我们磁州窑家族。

翻至第 15 页，重新选择。

P24

（1）青白先生：你好，小冒险家，我是青白先生，他是黑酱大叔。我们会在此次旅途中全程协助你的，我们出发吧！

黑酱大叔：看来我们要先去海底找找线索了，选择一艘水下考古船吧！

中国考古 01 号，翻至第 30 页。

中国考古 100 号，翻至第 10 页。

（2）回答错误！

你也太小瞧古人的智慧了！

翻至第 26 页，重新选择。

P25

（1）青白先生：回答错误！我为你的智商感到担忧！

翻至第 16 页，重新选择。

（2）回答错误！

翻至第 13 页，重新选择。

（3）黑酱大叔：根据船体受伤的情况分析，这艘船是被荷兰东印度公司的船只击沉的。

克美美：我痛恨海盗！

现在我们要启程送克美美去欧洲见姐姐了，请你选择一艘船吧！

古代大帆船，翻至第 21 页。

泰坦尼克号，翻至第 18 页。

P26

（1）回答正确！它叫作"五两"。

古人为了增加测风的精准度，发明了五两。所谓"五两"，就是用五两（也有用八两）重的鸡毛制成的测风工具挂到旗上，即使一点点风，它也会随风而动。

青白先生：古人根据五两又发明了"相风乌"，它是世界上最早的测风器之一。那你知道外国人发明类似的测风装置比中国晚多少年吗？

千年，翻至第 8 页。

百年，翻至第 24 页。

（2）回答正确！

中国输往世界各地的主要货物，由精美华丽的丝绸、莹润光亮的瓷器、清香四溢的茶叶，形成一股持续吹向全球的东方文化之风。

黑酱大叔：自隋唐以来，遥远神秘的东方瓷器是海上丝绸之路中最大宗的商品。你知道瓷器的英文是什么吗？

China，翻至第 10 页。

china，翻至第 7 页。

P27

回答正确！

信风：季风年年反复、稳定地出现，犹如潮汐有信，因此又被称为信风。

早在东周时期，古人已经开始描绘季节的风向变化。历代舟师在进行水上航行时，不仅能够熟练地利用风向和风力推动船舶前进，而且能够利用风的季节变化规律进行长距离的跨洋航行。

青白先生：外国人将信风称为"Trade wind"，你知道它是什么意思吗？

贸易的风，翻至第6页。

友谊的风，翻至第10页。

P28

（1）回答错误！

直接用铁锹挖会伤害到克美美的。

翻至第3页，重新选择。

（2）回答错误！

意大利航海家哥伦布，他的大脑和别人的可不一样，"含水量"很高。他算错了地球周长，误打误撞地发现了美洲，而且直到去世，他都认为自己到达的是印度，把当地居民称作"印第安人"。

黑酱大叔：我们可以看一下，印第安人和印度人长得可一点儿都不像哦！

翻至第8页，重新选择。

（3）回答错误！

翻至第9页，重新选择。

P29

恭喜你，回答正确！

你看她们长得多像啊！但还是有些不同，你能发现她们有几处不同吗？

3处，翻至第13页。

5 处，翻至第 8 页。

P30

回答正确！

中国考古 01 号是一艘肩负着中国海洋水下考古重任的特殊船只，它是中国首艘水下考古工作船，船体外观看似简单，但内部设计却很复杂。

青白先生：那你知道中国考古 01 号船上配置的可伸出船尾 3 米左右的"机械手臂"是用来做什么的吗？

与其他船只打招呼，翻至第 16 页。

挖掘、打捞水下物体，翻至第 11 页。

P31

亲爱的小冒险家，恭喜你帮助克拉拉成功地找到了妹妹，顺利地完成了此次冒险之旅，但是大家都还舍不得你离开，他们还有很多愿望没有实现呢，你能帮助他们完成这些愿望吗？

愿望清单

青白先生：我想要一艘新能源电动小船，送我回到我的家乡。

黑酱大叔：你能帮我做一个五两吗？我要把它挂到船的桅杆上，成为船上最帅的人！

克美美：我最爱美啦，帮我设计一条新裙子吧！

小冒险家，那你的愿望是什么呢？送给你一盏航海小夜灯，希望它能帮助你实现你的愿望！

P32

新能源电动小船制作说明

《海丝寻亲记——课程指导手册》封面

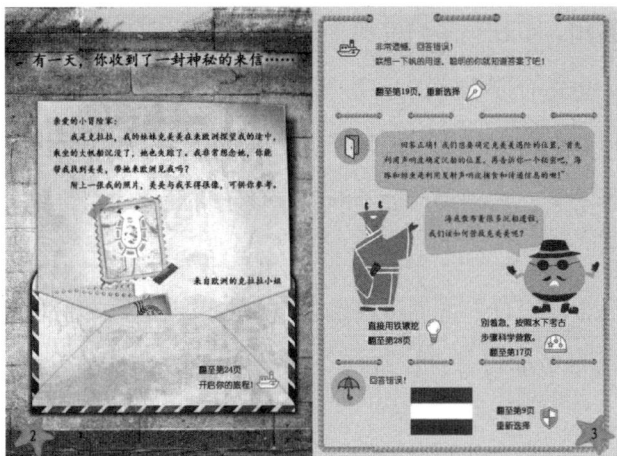

《海丝寻亲记——课程指导手册》内页

◎解析：

1.《海丝寻亲记——课程指导手册》是"海丝扬帆"系列课程的综合版指导手册，融合了课程的关键知识点，方便孩子们课后在扣人心弦的冒险故事中消化、理解、巩固和运用在课程中学习到的知识内容。

2.《海丝寻亲记——课程指导手册》是"海丝扬帆"系列课程的教育延展。"海丝扬帆"系列课程在试点学校大受欢迎，很多学生和家长都想体验这个课程，指导手册将帮助更多的孩子通过答题和手工制作，完成课程教育目标。

3. 对答案是与否的判断方式，与计算机内部指令工作方式类似，这种跳读方式，可以帮助孩子学习逻辑式，并运用到编程学习中去。

◎策略：

1. 一般的课程指导手册都是问题＋答案的模式，为了区别于学校的课后作业练习册，博物馆任务书或指导手册一定要有新意，既有趣又有用。引导孩子们根据答案来回跳读，可以增加孩子们阅读的乐趣，也适合朋友间的互动。如果答案正确，就可以继续故事情节，获得新的任务挑战；如果回答错误，则会有相应的讲解，然后重新选择答案。这种设计会不断强化孩子对问题的判断和对知识的理解。

2. 跳读的设计一方面可以融合很多知识点，另一方面简化了插图和故事情节的设计，比较适合基层博物馆教育人员进行创作和使用。

案例：博物馆盒子

◎类型：

　　教育材料包

◎概述：

　　"博物馆盒子"顾名思义就是集合了博物馆教育课程内容和材料包的教育盒子，是以指导手册＋材料包＋课件（线上课程）为载体的博物馆儿童教育推广产品。

◎背景：

　　葫芦岛市博物馆为博物馆教育进校园设计了以"海丝扬帆"为内容的系列课程，此课程在5个小学18个班级推广，大概有近900名三到五年级的小学生在教室里体验到了博物馆教育。此课程一经推出，就得到了学校领导、老师们的肯定，同学们更是反响强烈，但是博物馆教育力量有限，不可能满足更多学生上课的要求，我们就想到将教育内容与手工材料打包，发放给其他感兴趣的学校和班级，由学校老师授课，让更多的小学生享受到博物馆课程的全新体验。

◎内容：

　　"海上丝路"系列课程，由"丝路海洋""信风吹五两""深海探秘""青花瓷与海盗"四个子课程组成，主要为小朋友讲解了关于海上丝绸之路概况、古代航海技术、水下考古和"海丝"外销瓷的相关知识，配合这些内容还设计了彩沙航海图、五两、电动小船、绘制青花瓷盘等动手做环节。我们将这些教学内容的重点编制成游戏书形式的指导手册，再将四个动手做环节的材料分包，配以制作说明，装在统一设计的盒子里。"海上丝路"系列课程的课件，还同步到博物馆的公众微信号。

◎解析：

从某种程度上来讲，博物馆盒子的设计反映了基层博物馆教育人员开展儿童教育工作的历程。大致分为以下几个阶段：一是探索之初，困惑不解。刚开始设计教育活动时，常常在思考：博物馆儿童教育课程的核心理念是什么？自己的选题、呈现方式是否会得到孩子们喜欢？总感到无从下手，我们在想：能有一个比较成熟的博物馆儿童教育的成品课程作为参考就好了。二是成果欣喜，引发思考。随着工作的进一步开展，博物馆儿童教育课程受到孩子和家长们的欢迎，预约名额供不应求怎么办？面对家长和孩子们的需求，我们在想：如果能将博物馆儿童教育课程打包带走，让孩子们随时随地都能体验到新颖、有趣的课程该有多好。三是分享成果，初有设想。当兄弟博物馆向我们取经时，怎样高效、高质地帮助他们开展博物馆儿童教育活动？回想自己当初的需求，我们在想：如果能把开发的现有博物馆儿童教育课程设计成"课件+材料包"的形式分享给他们就好了。四是逐步探索，设计预想。当我们将博物馆儿童教育课程送进校园，受到热烈欢迎的同时，不能满足同学和老师们想要体验更多博物馆儿童教育课程的需求时，我们应该怎么做呢？我们在想：如果能组建博物馆社团，为同学和老师们提供课程内容，让他们自己来上课就好了。博物馆盒子是在满足多种教育情境需求下应运而生的，创意核心是如何拓宽博物馆儿童教育工作的深度和广度。

"博物馆盒子"是集合了博物馆教育课程内容和材料包的教育

盒子，是以"盒子"为载体，将博物馆教育打包推广的新理念。这种教育打包也将是一种新的"文创"思路，通过一个盒子就可以让孩子们随时随地体验到博物馆有趣的课程和丰富的知识，从而了解博物馆，爱上博物馆。博物馆文化创意产品的开发与推广，是让文物"活起来"的现实载体和实践途径，对弘扬中华优秀传统文化、传承中华文明，推进经济社会协调发展，具有重要意义。制作精良、寓意深刻的文创产品是博物馆展览和社会服务的延伸，满足了公众把文化记忆带回家的消费需求，赋能美好生活。2016年国务院转发的文化部、国家发改委、财政部、国家文物局等部门《关于推动文化文物单位文化创意产品开发的若干意见》，对推动博物馆等文化文物单位文化创意产品开发作出部署，其中指出了要结合构建中小学生利用博物馆学习的长效机制，开发符合青少年群体特点和教育需求的文化创意产品。鼓励开发兼具文化内涵、科技含量、实用价值的数字创意产品。《意见》明确了儿童教育类文创产品是博物馆文创产品的重要组成部分，也指出了文化科技融合是文创产品开发的新趋势。如何追随孩子的兴趣、追随时代特点和教育需求，通过好的文化创意、科技手段，创新产品品类和形式，将沉淀了几千年的中华文明融入当下的学习和生活，引领儿童文化消费方向，促进儿童全面综合发展，是现阶段博物馆文创开发亟待思考和解决的任务之一。儿童教育类文创产品既是文创产品，同时也是博物馆儿童教育研究成果，教育资源包的形式为博物馆儿童教育成果转换和儿童文创产品开发提供了一个新的思路。

博物馆盒子

◎策略:

1.博物馆盒子的题材和内容非常广泛，每个博物馆都可以将自己特色的博物馆教育课程做成盒子，复制和推广的可能性很强。博物馆盒子的形式将教育资源和教育方式物化，核心课程体系＋资源包＋信息反馈平台的多元设计，目的是让学校更加简单、直观地利用博物馆的资源优势和教育优势，促进馆校课程与校本课程的深度融合，实现跨馆、跨地区的博物馆教育合作。系统开发不同学段、不同学科的博物馆儿童教育文创更便于博物馆资源下沉，大馆的优秀课程不仅可以直接走进中小城市和农村的学校、幼儿园，其教育理念、资源利用经验也会带动中小博物馆提升教育水平，增加儿童教育服务的活力，从某些方面来讲，博物馆儿童教育类文创产品还会促进利用博物馆教育资源的其他社会教育机构提升教育质量和服务水平。

2.博物馆儿童教育活动和文创产品要明确和坚持文物利用的核心价值导向。要突出中华优秀传统文化的传播和国家、民族历史文化情感的培养，博物馆文创尤其是儿童教育类文创要突破对文物元素简单的提取，突破"一切皆可萌"的设计理念，突破对"爆款"的一味追求，真正静下心来，挖掘文物背后的故事，把文化价值、美学价值与趣味性、观赏性、科技性、实用性有机结合起来，讲好"中国故事"，让孩子们感受到中国智慧、中国力量、中国精神和中国价值，并以此作为人生发展的基石。

3.突出博物馆教育优势，制定产品研发策略。博物馆推出的展览和教育活动都是利用文物资源，围绕特定的主题体现社会公众教育目的，这个策划设计的过程就是对文物的重新解读，是有形的展览呈现出的无形的文化资源，将这些文化资源再度开发，是博物馆文创产品富有教育性的关键。开发教育资源包"教育盒子"，满足学校、中小博物馆、偏远地区开展博物馆教育和家庭文化消费需求。博物馆儿童教具设计要突出博物馆充分体现知识性、趣味性、实践性、体验式学习的特点，利用新技术，实现沉浸式的亲身体验和亲手操作交互式学习。核心课程体系＋资源包＋信息反馈交流平台的多元形式，可以让使用方更加简单、直观地利用博物馆的资源优势和教育优势，满足儿童教育多层次多元化文化消费需求。

第六章　博物馆儿童教育的外拓空间

　　真正的博物馆教育不应当仅是博物馆场馆内实施的一般教育活动。博物馆教育无处不在，凡具有教育意义和教育功能，包含展览、活动等，皆属于博物馆教育[①]。如今，博物馆教育呈现方式愈加多元化，创新活动、馆际合作、博物馆研学等层出不穷，儿童教育空间也从场馆、学校外拓到户外、展馆、剧场等更广阔的天地。让儿童直面自然、直面社会、直面文化遗产，这种博物馆教育经历，将为孩子们留下难忘的回忆，从而深刻地感悟历史，为儿童终身的心智生活奠定良好的基础，孩子们也会因此对博物馆教育产生更美好的期待。

案例："使"闯天下——奉使西洋

◎项目类型：

　　儿童舞台剧

---

① 周婧景：《博物馆儿童教育——儿童展览与教育项目的双重视角》，浙江大学出版社，2001年，第38页。

◎概述：

"博学汇——馆校教育合作项目"系列活动之一。由博物馆创作，学校教师辅导，学生主演的互动舞台剧。故事讲述了一个小男孩，发现了一款博物馆设计的 VR 游戏，进入游戏世界，化身小郑和与伙伴们奉使下西洋的冒险经历。整个故事以郑和下西洋的历史为背景，设置一系列闯关环节，由小演员们与台下同学互动完成。

◎教育目标：

1.了解郑和下西洋的历史；

2.熟悉郑和下西洋在我国古代航海事业、树立中国和平友好形象、传播中华文明、促进中外经济文化交流与发展等方面的积极意义；

3.激励学生不断增强海洋意识，感受中华民族不畏艰险、勇往直前、开放进取、海纳百川的气概和胸怀。

◎教育理念：

维果茨基认为学习与社会交往密不可分。以社会为背景设计儿童学习活动，是博物馆为儿童策划学习活动的理论基础。人与人之间的交流互动也更多地成为博物馆教育活动体验的一部分。

◎演出地点：

1.学校礼堂

2.专业剧场

◎剧本：

《"使"闯天下——奉使西洋》

主要人物

郑和——男

通事——男

医官——男

水手——男

第一幕

登场人物：郑和　通事　医官　心理辅导师

【小男孩戴着 VR 眼镜，拿着剑挥舞

小男孩：杀杀杀，哈哈哈，我赢啦！亲爱的小伙伴们，我发现了一款超级无敌好玩的游戏，叫"使闯天下"，戴上 VR 眼镜，就穿越到了中国古代，化身使节出访各个国家，探寻神秘海上世界，冒险成功后还有大彩蛋呢，太刺激了，要不要跟我一起玩？啥？你妈不让玩游戏？这个游戏是博物馆和北外 EDP 中心联合开发的，不但能学历史、地理、科技、艺术、文化，还能了解古代的外交官呢！妈妈再也不担心我的学习啦，哈哈哈哈，想玩的举手！好好好，游戏开始！

【页面 1：游戏封面、选择任务

【页面 2：选择角色郑和 / 平民

【页面 3：佩戴眼镜，全体闭眼

【郑和换装

郑和：呀！我真成了小郑和了！

【页面 4：通过回答问题获得挑选同伴的资格

问题一：明成祖朱棣出使西洋的真正目的是什么？

A. 找到靖难之役失败后消失的建文帝。

B. 发展贸易，赚取巨额财富，增强国力。

C. 打通海道，展示中华风采，宣德化而亲远仁。

郑和：谁是建文帝？明成祖派那么多人声势浩大地去找他，还去了7次？不可能不可能，从经济学考虑，我觉得一定是B，明成祖肯定是要赚大钱！

【页面5：答案错误！正确答案是C，你失去了拥有钦天监的资格，船队的航行方向要靠你自己判断了。

郑和：糟糕！出师不利呀！第二题第二题！

问题二：大明王朝人才济济为什么选择郑和出使西洋？

A.明王朝，皇室把宦官看成家里人，郑和是被层层提拔的太监，相当于正四品的高官。

B.郑和仪表堂堂，文韬武略，有勇有谋，符合外交官的标准。

C.郑和是伊斯兰教的忠诚信徒，又尊重佛教，信奉海上的妈祖、观音，这对他走访西洋各国是便利的条件，而且郑和有过出海的短暂经历。

郑和：我觉得这3条都对！下西洋就是代表明朝出使各国，外交官的标准是最重要的。

【页面6：答案错误！正确答案是C，你失去了拥有财富的资格，以后的物资补给和商品交易要靠你自己了。

郑和：晕！又错了？看来我得听听大家的意见了。

【页面7：问题三：明代的西洋是指哪片海域，出访的主要国家有哪些？

A.今日本、菲律宾、加里曼丹、摩鹿加群岛，主要出访国为日本、朝鲜。

B.今马来半岛、苏门答腊、爪哇、小巽他群岛至印度、波斯、阿拉伯为西洋，主要出访越南、柬埔寨、印度、非洲。

C.大西洋，出访葡萄牙、西班牙。

郑和：我必须场外求助了，有没有地理好的同学呀！大家快帮我搜搜通关秘籍呀！我还选B！

【页面8：回答正确！现在可以招募船员了！】

郑和：耶！太棒啦！本官要在现场招募了，大家给我支个招，出使西洋各国，什么人最重要呀？嗯嗯，语言不通可不行，现招募翻译一名，同学们，谁的外语好，赶紧到台上来参加竞选吧！竞选内容是外语的自我介绍，叫什么名字，有什么特长。（现场邀请同学们，排在最后的是通事。）

通事：（波斯语）我的名字叫通事，我最大的特长就是会说好几门外语。

郑和：请问您说的这是哪国语言？您蒙我呢吧！

通事：唉，汗，我刚才是用波斯语进行的自我介绍，据史料记载郑大人下西洋的官方外交语言就是波斯语和泰米尔语嘛！就像现在比较通用的英语一样。我叫通事，我最大的特长就是爱学外语，我不但会说英语，还会说阿拉伯语、印度语、非洲语呢！而且呀，我特别聪明，还知道很多国家的风土人情呢！在明朝，翻译被称作通事，不止会外语这么简单呢！前面的同学，大家都可以下去了哈！郑大人，就由我陪您出使西洋吧！

郑和：哇，通事，你太给力了！拥抱！好，咱们出发吧！

通事：万万使不得，咱们需要的人多了，首先需要水手和战士吧？得有人开船，还得有战士对付海盗呢！

通事：台下有没有医官呀！会治晕船的。

医官：我来了，两位大人放心吧，诊断晕船我有个小口诀，症状是一身虚汗、二目无光、三餐不食、四肢无力、五脏翻腾、六神无主、七倒八歪、九吐不止。如果不舒服就找我的药童，让药童给你们喝下生姜水、蒜末涂抹在肚脐眼上，就不会晕船了。

通事：医术高明呀！药童莫非是用来做童子尿药引的小孩子？我听说徐福前辈的童子还用尿做出了豆腐？

医官：你还真是个八卦的通事呀！是有这么个传说，徐福带500童男童女出海，有天晚上一个小孩子睡迷糊了，把尿尿在了豆汁坛子里，第二天早上，豆汁就变成了豆腐，这是因为童子尿液里的成分跟我们点豆腐的卤水很相似。但我的药童可不是童男童女，他们是我的小助手，年龄都不大，才称为药童的。

通事：原来是这么回事呀！

郑和：现在可以开船了吗？

心理辅导师：大人等等，你们还需要我呢！

郑和：女生能做啥呀？

心理辅导师：我多才多艺，能歌善舞，琴棋书画样样精通，我还有心理辅导证书呢？据资料记载，郑和随行的人员当中还有僧侣，传经布道，等于是心理医官。我可以安抚消除船员因长期在大海上漂泊而引发的焦虑、狂躁等不良情绪，还可以带着大家唱歌跳舞，搞团建呢！

通事：有道理！我也可以教大家各种番语和礼节，既可以向番邦示好，又可以排解大家的思乡之苦。

郑和：这个主意甚好，让我们向西洋各国人民问好！

通事：请大家记住，我们要向西洋各国的人民问好！（泰国的你好，印度的你好，非洲的你好！）（教外语）

【页面9：郑和船队成员组成】

郑和：（若有所思）要这么说，我觉得船队中除了有负责仰观天象、预测天候的钦天监属官，有掌管谒见外交礼仪的礼部官员，有通晓番邦语言的通事，还有医官和药童、准备官方文件的书记官，有管理粮食供需的户部郎中、人数最多的普通水手和士兵，有专业的工匠如铁匠、醮匠与搭篷匠，以应付海上航行时所需要的修缮工作。需要的人太多了！出使西洋海路漫漫，道阻且险，为了圆满完成任务，我想让大家一同去，发挥自己的特长，众人划桨开大船嘛！

大家：大人说得对！咱们大家一起远航吧！

【页面10：各船队水手编队】

郑和：宝船起立、粮船起立、水船起立、马船起立、战船起立，待我发布启航命令，大家一起回应呜。迎风启航！

第二幕

登场人物：郑和 通事 水手 泰国小女孩

提示：通事已上线，水手已上线

【页面11：1405年7月11日，郑和带领200多艘船，随行水手、通事（翻译）、医官、心理辅导师和护船的兵士，共两万多人组成的船队，在永乐年间海运千艘、盛极一时的"天下第一码头"——江苏太仓刘家港码头出发。

郑和：哈哈，终于启航了！咱们大家一起闯关，我就有信心了！蓝天白云，晴空万里……

通事：哎呀，我说郑大人，您可别高兴太早了，看看提示来了。

【页面12：红色提示：前方到达福建长乐太平港，船队没有钦天监，必须驻泊训练。

水手：钦天监是专门负责船队航向、时间和航速的官员，在远洋航行时，航向如果偏了，就到不了目的地，还可能触礁；时间不正确和航速不确定，也无法估算自己的位置，这样就会迷失在大海上。

郑和：都怪我，上关失利，丢了带钦天监的资格。

水手：如果在现代就好了，我们可以用卫星定位，天文钟可以精准计时，至于航速嘛，用计程仪就可以了，电脑软件就能自动计算出船的速度，可惜在明代这些现代科技都没有呀！

通事：你们别灰心，我们可以学呀，再说还有那么多同学做我们的智囊团呢，相信自己！

郑和：嗯嗯，为了玩这个游戏，我也查了郑和下西洋的资料，据说郑和船队的航海技术是当时世界上最先进的，我也很好奇。

水手：为确保万无一失，郑大人还是再请几位同学吧！

郑和：好吧！智囊团再来 3 位，咱们开始吧！

【现场知识互动环节：连线题（粘贴板）

1. 定位与导航：航海图、牵星板、罗盘、日月星辰

2. 计时与计程：沙漏、燃香、昼夜、更

3. 通信：灯笼、鞭炮、锣鼓、旗语和鼓语

通事：晕，这罗盘跟我家的指南针完全不一样呀！

水手：别急，我们仔细研究一下，古代罗盘不是用 360 度标明方向的，应该是用这些字代表方位的。我们跟指南针对比一下，简单了，子是正北，代表 0 度，午是正南，就代表 180 度。大家说，对不对呀？

【页面 13：特别帮助页面：中国是世界上最早利用磁铁在地球磁场中的南北指极性来测定方向的国家。古代早期航海所用的罗盘，二十四个方位分别以十二地支、八个天干和四卦来表示，每字代表一针，精确度相当于现代罗盘的 15 度，相邻两字表示"缝针"，精确到 7.5 度。

【页面 14：通信演练

郑和：这次先看帮助选项吧！

【页面 15：

指令	鼓点	节奏	动作、声音
警报	三遍急鼓	咚咚咚咚咚　咚咚咚咚咚　咚咚咚咚咚	举手
解除警报	三遍缓鼓	咚～咚～咚～　咚～咚～咚～　咚～咚～咚～	手放下
前面攻击	一长三短	咚～咚咚咚	起立 咚咚咚
后面攻击	三短一长	咚咚咚 咚～	起立 咚咚咚
左面攻击	二长三短	咚～咚～咚咚咚	起立 咚咚咚
右面攻击	三短二长	咚咚咚 咚～咚～	起立 咚咚咚
启航	五遍缓鼓	咚～咚～咚～咚～咚～	坐下 呜

通事：那咱们先练一下吧！

水手：我来击鼓。

【页面 16：通过演练，季风已到，迎风调戗！

郑和：大家太棒啦！听我口令，扬帆启航！

【通事和水手一起击鼓、敲锣。

【页面 17：风和日丽

郑和：这次是真正启航啦，哈哈，蓝天白云，晴空万里。

通事：为什么你一唱这歌，我就觉得有点儿不对劲儿呢？

郑和：蓝天白云，晴空万里……

通事、水手：额，挑战又来了吗？

郑和：这次没事儿，你们看风和日丽，还有海豚，它们多可爱。

通事：糟糕了，暴风雨要来了。

水手：是呀，书上记载，海豚活跃，可能是暴风雨的前兆。

郑和：蓝天白云，晴空万里，突遇暴风雨……

【页面18：暴风雨

郑和：击鼓警报！

郑和、通事、水手：迷失方向了。

通事：快点儿找罗盘和海图，看看附近有没有港口。

水手：哎呀，船晃得太厉害了！

【页面19：妈祖显灵

郑和：我想起来了，大家快来求妈祖保佑我们！妈祖娘娘显灵吧！求您带我们驶出这风暴！

水手：快看，快看，妈祖真的显灵了！

通事：真的有光亮！

郑和：听我口令，船队调整方向，向着光亮前进。

【页面20：船队安全驶近港口。

【郑和、通事、水手发现举着灯光的小女孩儿。

郑和：你是谁？快来这里！谢谢你，救了我们的船队。

【泰国小女孩跑上台。

泰国小女孩：平安就好！（泰语）

通事：原来你是泰国人，你好，谢谢你！

泰国小女孩：我爸爸和哥哥都在出海的时候不见了，我每天晚

上都在山上举着灯，希望他们找到回家的路。（边哭边说）

水手：真感动，原来是你救了我们。我们能为你做点儿什么呢？

通事：郑大人，我们在这里修一座灯塔吧，这样就能为大海里的航船指明方向，也能照亮渔民们回家的路。

郑和：对，咱们就在这里修灯塔！

【页面21：恭喜通过第二关！

第三幕

登场人物：郑和 通事 医官 水手 瑜伽姑娘

印度商人（二人）

【页面22：路线图

水手：郑大人，我船即将驶入马六甲海域。

【页面23：红色警报（或声音）——字幕：此处常有海盗出没！嗵——出现"陈祖义简介"（世界最大的海盗集团头目之一，有史以来悬赏金最高的通缉犯。）

医官：（手拿"陈祖义通缉令"，同时页面显示"通缉令"）

郑大人：陈祖义这个海盗，盘踞马六甲十几年，烧杀抢掠，无恶不作，趁此机会我们何不将其歼灭？

水手：快看，大人，前方有船只。

医官：说曹操曹操就到，大人，前来者，就是陈祖义！我们怎么办？

水手：快看，那是什么！

【页面24：发现海盗，准备作战！

郑和：啊，这么快！

水手：快点儿发号命令吧！

医官：咱们的船队装备了最先进的大炮，让海盗看看咱们的厉害！

【命令：宝船发出警报，船队后方发现海盗船，攻击！海盗船越来越多在左侧包抄，左侧攻击！开火！胜利！解除警报！汇报船只情况，后面轻微损伤，左侧平安。启航！

郑和、水手、医官：海战太刺激啦！好玩好玩！

郑和：告诉旗手，通知战船，准备围攻。

【页面25：火攻烧毁陈祖义的海盗船：经激战，杀海盗5000余人，烧毁敌船10艘，缴获7艘，此后郑和的海军又设法将陈祖义等三人生擒。

水手：这仗干得漂亮！为民除害啦，哎呀，不知道赏金有没有我们的份？

郑和、医官：你呀、你呀……

郑和：言归正传，所有船只停靠"满剌加"，补给物资，等候季风，随时整装待发！

水手：收到，以后这里就是我们的中转站了！

【页面26：季风到来；船员瞭望

水手：郑大人，"万事俱备，只欠东风"，这风已到。

郑和：全体启航，顺风使船！

医官：大人，下一站，我们将要停泊于何处？

【页面27：路线图（古里国点亮）

提示：请郑和带队交易。

任务：以物易物，购买胡椒。

【印度商人吆喝胡椒和香料

医官：郑大人，这胡椒可是有药用功效，可以用来治疗多种疾病，包括消化疾病、眼病等。在佛经中也提及胡椒，它是仅有几种允许僧侣携带的药品之一。

通事：哎呀，你们都买到了胡椒啦。据说古里国这里盛产胡椒，很早就被誉为"胡椒之都"。胡椒，原产于印度，被当地人称为黑金，曾被当作化身使用。荷兰语中形容非常昂贵的东西时，会说这种东西"像胡椒那么贵"。（荷兰语）

郑和：那我们要多买点儿，让胡椒成为"今遍中国食品，为日用之物也"。

通事：快把货物送到船上去吧。

水手：快看那边的漂亮姑娘在做什么？

【一位姑娘正在做瑜伽。

医官：是啊，这动作怎么这么眼熟呢（跟着比画），好像和咱们的五禽戏有点儿像啊！

水手：什么是五禽戏啊？

医官：五禽戏是由东汉末年著名医师华佗根据中医原理，以模仿虎、鹿、鹤、猴、鸟等五种动物的动作和神态所创编的养生术。

通事：哎呀，这个小姑娘正在做瑜伽。瑜伽就是印度人模仿自然生物所创编出来的一套养生术。来郑大人，我们来猜一猜她模仿的是什么。

郑和：还是咱们一起来猜一猜吧。

【姑娘表演瑜伽动作。

医官：她现在做的是瑜伽的"树式"；这个是瑜伽的"眼镜蛇

式"，中国的五禽戏也分为"虎""鹿""熊""猿""鸟"五式，两者都有效仿自然万物之"形"与"态"，修身养性，增强体魄之意。

郑和：任何文化都有其交融之处啊！好哉好哉……

水手：这次古里之行，我们收获颇丰！

郑和：是啊，我们又多了个友邦！以后这里也将是我们补给淡水和食物的基地啦。

【页面 28：季风已到，满载前行！

【页面 29：下一站直达非洲——阿丹。

郑和：永乐十五年（1417），我带船队出使西域，各国都把本国的奇珍异宝贡献出来，庆祝永乐大典。阿丹国献给永乐皇帝的是麒麟。

医官：麒麟不是传说中的神兽吗？真好奇它现实中长什么样子。

通事：这你就孤落寡闻了吧，有请智囊团拼出阿丹国进献的这只麒麟的样子。

【页面 30：郑和带回的麒麟就是长颈鹿。

【页面 31：恭喜你圆满完成出使任务！游戏结束！请闭眼 30 秒摘下眼镜。

通事：恭喜你呀郑大人，历经千辛万苦七下西洋，终于完成了宣扬明朝威德、传播和平与文明的任务，这可是前无古人的伟大壮举。

郑和：哎呀，醒醒吧，游戏结束了，我不是郑和，我是郑和的铁杆儿粉丝，通过这个游戏我学到了很多关于远洋航行的经验以及有关海洋的知识。

水手：没错，我也对郑和下西洋的贸易往来和文化交流方面的知识产生了浓厚的兴趣。博物馆的这个游戏太好玩了，我还没玩够呢！

医官：让我们一起期待博物馆给我们带来更多好玩的游戏吧！

公演现场

节目单

◎解析：

选择打游戏这个孩子们的日常娱乐活动作为切入点，以历史剧为载体，通过互动式教学体验，引导学生们通过戏剧表演加游戏闯关答题的新型学习体验方式，打破传统课堂上师生的"距离感"。鼓励学生们在历史剧的互动表演中增进交流、增长知识，所有学生通过参与到表演互动中，自然而然地学习到融入剧中的历史知识。引导学生们关注历史、学习历史，培养学生们的学习兴趣与热情，将历史知识"鲜活化"，以更加生动、有趣的互动学习形式，增强历史情境设定的代入感，拓展孩子们的知识范围，拓宽孩子们的学习视野。

《"使"闯天下——奉使西洋》互动舞台剧分别在学校礼堂和葫芦岛市小剧场演出，近1000名现场观众与小演员积极互动，抢答问题、踊跃上台、配合演出、纵情歌舞……在本地引起了轰动，无论是博物馆还是学校都获得了良好的社会反馈。本次活动得到了北京外国语大学EDP中心和葫芦岛市文化馆的大力支持，利用专业优势解决了舞台剧中多门外语词汇发音和舞台表演技巧问题。

◎策略：

博物馆教育属于交叉领域，要求教育员具备复合的知识背景，内容涵盖教育学、心理学、博物馆学、艺术类学科及其他学科。博物馆应开展教育员工培训，鼓励跨部门合作，鼓励其他岗位同事发挥特长，协作创新开展工作。

跨界联合、多元合作，建设博物馆儿童教育专家智库。文化多元化的背景下，合作与交流已成为各行业、各领域共赢的发展路径，博物馆界也不例外。积极与不同性质的单位、社会团体和名人专家建立联系，开展多渠道、多方面的交流与合作，探索多元化合作项目，改善人才资源有限的局面，对于中小博物馆而言，受益良多。

案例：寻找神秘"大咖"

◎活动类型：

　　户外定向类游戏

◎活动特点：

　　1.开放的空间：户外景区寻找线索

　　2.开放的时间：打开手机随时可以玩

　　3.开放的玩法：微信公众号交互，无须组织，无须跟团

◎活动游戏介绍：

　　1.找到游戏起点（景区实地）。

　　2.根据微信公众号的提示信息，实地搜寻线索，线上答对一题即可获得新的线索。

◎活动背景：

　　2020年，葫芦岛市博物馆按照疫情防控要求，实行闭馆，线下儿童教育活动改在线上开展。但是受全学科线上授课和家长保护孩子视力的影响，线上课程的参与积极性不高，与以往线下课程的火爆程度形成鲜明对比。为了在这个不同寻常的暑假保证教育服务质量，提供积极方案帮助家长和孩子们释压，葫芦岛市博物馆宣教部在积极心理学理念指导下设计了"寻找神秘大咖"户外定向类游戏。

◎活动目标：

　　1.积极心理学指导下的博物馆儿童教育实践，发挥博物馆社会教育功能，用快乐的主观体验缓解儿童在疫情影响下的恐惧心理和焦虑情绪。

　　2.在保证社交距离安全的前提下，满足儿童群体户外活动需

求；积极心理干预，用考古学家的工作经历，鼓励孩子们拥有面对困难的勇气和坚持。

3.削弱应激事件给儿童观众带来的负面心理影响，帮助未成年人适应疫情防控常态化并在这一形势下健康发展。

◎活动设计：

（一）形式设计

游戏以家庭为单位，利用手机作为互动工具，不限活动时间，不需要集体统一组织。结合定向运动的特点，在博物馆外场景区和公园空旷场地隐藏线索，参与者利用微信公众号的交互功能，采取实地搜证、线上闯关的方式完成挑战任务。

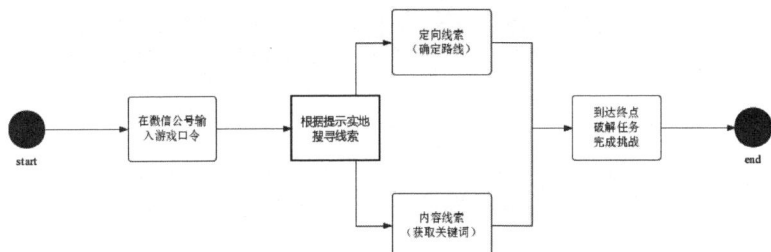

（二）内容设计

1.定向线索：利用景区现有的景观、建筑、设施、广告牌等作为游戏路线的方向标志，在"寻找神秘大咖"游戏中，第一题就是体育馆一角的照片，通过分析图片中代表性建筑的地点来判断游戏的起始位置，一路下来，月亮河景区内的公交站牌、河心岛、桥、石子路、树、石雕、图书馆、博物馆广场雕塑都成为定向标志物，引导参与者到达游戏的终点。定向标志物上还隐藏着内容线索，参与者必须按照定向线索到达终点，并破解内容线索完成目标任务，才算真正挑战成功。

2.内容线索：反映教育主题的关键词，通过对关键词的分析、推测，完成目标任务。设置"找到起点""数字密码""小岛上的歌声""位置校准""幸运手指""寻找矿藏""隐藏的字母""平台的秘密""古老的文字""醒目的建筑""文献启示""找到 TA"等 12个关卡，每挑战成功 1 关即获得 1 个关键词，随着参与者获得的内容线索越来越多，这些关键词勾勒出考古学家安特生在中国考古的经历。

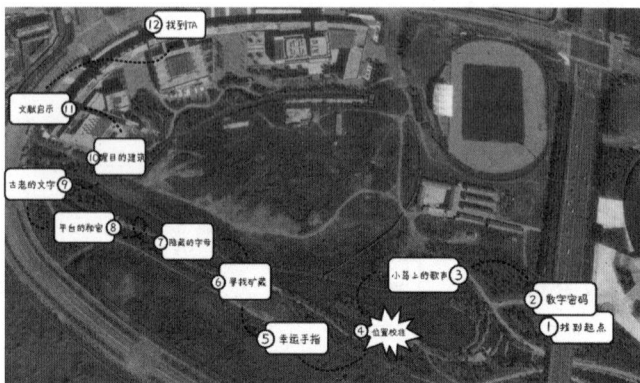

线索示意图

（三）积极心理学应用

1.最优体验：让孩子们从疫情的阴霾中走出来，到阳光下开心地玩一场，是设计这次户外定向游戏的初衷，如何让参与者在 1 公里的行进过程中，全程投入热情、积极参与并获得充实、快乐的最优体验是一个挑战。因此，整个活动在设计中，充分考虑了最优体验产生的因素和特征，具体步骤包括：（1）确立活动的总目标，并将总目标细化成多个循序渐进的子目标。总目标是在近 1 公里的路程中寻踪解谜，子目标是利用景区和公园特殊的地形和标志物，设置 20 多个定向线索，每个定向线索的距离不超过 50 米，完成一个子目标就向成功迈进一步。（2）多种不同的解谜玩法，促使参与者保持注意力集中。游戏中包含寻踪、找不同、拼图、二进制算法、听音辨曲、看树识方向、辨识甲骨文、数字推理等关卡，不同类型的关卡带给参与者新鲜、刺激的挑战，促使参与者全程注意力高度集中。（3）给予参与者即时反馈。游戏的玩法是参与者在实景中寻踪、解谜，利用微信公众号的交互功能作答，答案正确即获得新的线索，答案错误则无法继续前进。（4）求助环节，帮助参与者调整挑战难度。游戏专门设计了求助口令，只要在对话框里输入"小编快来"加上题号，屏幕上就会显示正确的解法和答案，输入答案就会收到新的线索提示。求助环节可以帮助参与者根据自身能力，随时调整挑战的难度，以便顺利完成游戏。（5）获得积极肯定，鼓励学习迁移。在完成总目标任务后，屏幕上会出现致胜利者的一封信，肯定参与者的智慧、勇气和坚持，鼓励孩子们将目标人物的优秀精神品质化作面对困境的力量。遵循心流产生的路径设计教育活动，有助于孩子们在参与活动时，明确目标，聚焦自己的注意力，在适度的挑战面前，相信自己的能力，并通过积极反馈强化自我，体会到精神能量带来的内心愉悦。

2.积极关系

家庭是儿童成长的微观系统，博物馆儿童教育的亲子活动为儿童和家庭提供共同的学习环境，鼓励家长参与到儿童学习探索过程中来，创建积极家庭关系，促进儿童的成长和发展。"寻找神秘大咖"户外定向类游戏设计了一些家长和孩子认知和能力以外的题目，家庭成员之间一同前行、相互协作、互相鼓励共同完成任务。一家人拥有共同的目标和开放的沟通渠道，就能在信任的氛围中，逐渐扩充行动的机会，使家庭生活成为乐趣洋溢的心流活动。

从另一个角度来讲，博物馆在疫情暴发期间持续为公众带来文化服务，在防控稳定期组织健康有益的教育活动，营造积极乐观的心理氛围，正是积极社会关系、和谐社会模式为儿童成长提供保护性因素的体现。

◎解析：

2020年新冠疫情席卷全球，面对这次重大突发公共事件，我国博物馆积极应对，充分发挥了博物馆的社会服务功能，展现了博物馆在社会复苏和公众精神重振过程中的独特价值。"博物馆中国"微信公众号、《中国文物报》发起的"后疫情时代观众心中的博物馆"调查问卷数据显示：三分之二的受访者认为在疫情期间，博物馆的创新举措体现了它的文化驱动价值，推动社会和人们心理的恢复重塑。约有五分之一的人表示博物馆可以带来心灵治愈和情绪安抚。博物馆的社会价值在后疫情时代将被进一步挖掘、拓展，博物馆的情感价值、艺术疗愈价值必将充分体现在未来的展览和教育活动中。相对于成人来说，遭遇突发性公共卫生事件，心智尚未成熟的未成年人受到的心理威胁更大。有研究提示，新冠疫情作为新的应激原可能对中小学生心理行为具有较长期的影响。如何利用博物馆资源优势和儿童教育经验，削弱应激事件给儿童观众带来的负面心理影响，帮助未成年人适应疫情防控常态化，并在这一形势下健康发展，是摆在博物馆儿童教育工作者面前的新挑战。在后疫情时代，将积极心理学理论与方法引入博物馆的儿童教育工作具有重要的研究价值和实践意义。

一、后疫情时代积极心理学引入博物馆儿童教育工作的价值

（一）突发应激事件对儿童心理的负面影响

新冠疫情的暴发在威胁儿童身体健康的同时，也改变了儿童的成长环境，给他们带来巨大的心理挑战，主要体现在以下三个方面：一是新闻媒体持续报道引发压力感，增加"替代性创伤"的风险。即使外部环境中没有明显的威胁，但儿童对自己正常生理过程的解释和推测也会出现偏差，可能引起内在体感性恐惧，因此感到紧张焦虑。二是来自家人的焦虑。英国创伤协会的专家认为，新冠疫情可能造成一代儿童形成充满焦虑感的世界观，认为世界是不安全的，我的父母在灾难面前束手无策，本应保护和照料我们的家人无能为力。三是疫情防控措施要求关闭人员密集型机构、民众必须保持社交距离。学校及校外教育机构相继关闭，生活秩序瞬间被打乱的惊恐、焦虑、压抑等负面情绪无法通过同龄人社交进行排解，不能及时获得儿童心理发育必需的社会支持，导致其心理保护性资源缺失。来自社会和家庭的影响，在不同程度上造成了儿童心理的内在失序。内在失序也就是资讯跟既定的意图发生冲突，或使我们分心，无法为实现意图而努力，是对意识极为不利的影响力，所有失序的现象都强迫注意力转移到错误的方向，不再发挥预期的功能，精神能量也窒息了[1]。学习无动力、真实世界无兴趣、社交无能力、生命无价值感的"四无"心理危机就是典型的儿童青少年心理内在失序从而精神能量窒息的表现。

---

[1] 米哈里·契克森米哈赖：《心流：最优体验心理学》，中信出版集团，2017年，第93页。

（二）积极心理学对儿童心理健康发展的正向作用

积极心理学主要是"利用心理学目前已比较完善和有效的实验方法和测量手段来研究人类的力量和美德等积极方面的一种心理学思潮"[①]。跳出儿童心理干预一贯遵循的病理心理学与消极心理学研究的范式，积极心理学无疑是儿童心理健康发展史上的一项重大突破。

积极心理学的研究内容主要分为三点：一是积极的主观体验，如快乐、希望、满足感和幸福感；二是积极的人格特征和品质，如自尊、自信、努力、坚持、公民意识、利他行为等；三是积极的社会组织系统，积极心理学非常重视社会背景下的人及其体验的再认，意识到积极团体和社会机构对于儿童健康成长的重要意义。在疫情常态化背景下，积极心理学一方面通过创造积极的主观体验，应对疫情给儿童带来的心理压力；另一方面通过培养儿童积极品质，帮助儿童在困境中不被击垮，在逆境中得到成长和发展。

（三）博物馆儿童教育与积极心理学的有机结合

儿童观众一直以来都是博物馆重要的服务群体，为儿童观众提供优质的教育服务是博物馆的社会职责。为了给儿童创造最适合其成长的学习环境，博物馆一直以尊重儿童的发展规律为基础，以满足儿童的学习需要和身心发展为目标，不断探索儿童教育理论、脑科学研究成果与博物馆教育实践的有效融合。随着理论与实践的不断丰富，博物馆的文化力量与艺术疗愈价值也日益凸显，在儿童心

---

① 宋东清、付瑛：《积极心理学：探索青少年健康成长的新思路》，山东省团校学报，2010年第4期。

理健康方面发挥了积极作用。

纵观博物馆的发展史，哲学、教育学、心理学等学科内的一次次变革，总会不同程度地影响博物馆学的理念与实践。积极心理学是将心理学的研究关注放在心理健康和良好的心理状态方面，是一门旨在促进个人、群体和整个社会发展完善和自我实现的科学。[①]有些观点甚至认为积极心理学是为了解决现代人面临的生态危机、社会危机、精神危机等种种严峻局面应运而生的。积极心理学与博物馆儿童教育工作的有机结合主要体现在两个方面：一是积极心理学为博物馆儿童教育工作提供了科学方法。从本质上说，积极心理学致力于激发普通人的幸福感、力量与美德，主张研究人类积极的品质，强调挖掘人固有的潜在的具有建设性的力量，发展积极的社会组织系统，使人类走向幸福。与博物馆满足人民美好生活、为社会培养全面发展的储备力量的目标是一致的，积极心理学方法的应用，将有益于提升博物馆儿童教育工作的服务质量，使儿童观众在博物馆学习中更容易产生力量感、获得感与幸福感。二是博物馆资源与积极心理学的有机结合，会形成真正具有中国特色的积极心理课程。以我国博物馆厚重的中华优秀传统文化、革命文化和社会主义先进文化资源，作为积极心理学课程的重要内容，构建积极的人文观、积极的体验观、积极的行为观、积极的生活观、生命的意义等结构体系，让儿童青少年在中国文化元素中，用符合中国人的思维方式学习心理学知识，进而提高对自身行为的思维引导能力。

---

① 宋东清、付瑛：《积极心理学：探索青少年健康成长的新思路》，山东省团校学报，2010 年第 4 期。

◎策略：

（一）力求"快乐"的主观体验，从物理层面循序渐进到精神层面，通过积极体验培养儿童观众的积极人格

"教育"作为博物馆的首要目的和功能已经得到广泛的认可，但是不能否认的是，吸引观众参观博物馆的最大动力是博物馆给人带来的好的、快乐的主观体验。事实上，在"教育"这个终极目标观照下，博物馆行业有责任为受众提供无限欢乐，并且是有质量的欢乐、蕴含学习的欢乐[①]。"快乐"的主观体验内涵非常丰富，愉悦、希望、满足，甚至还有幸福感都可被人称为"快乐"，与游乐园纯感官刺激的快乐相比，博物馆提供给受众的这种快乐，来自于主动探索、积极思考、解决问题，与积极心理学中的最优体验——心流极为相似。我们在儿童教育活动中会经常看到孩子们的"心流"，就是当他们特别专注地做一件目标明确而又有挑战的事情，比如在听讲解或进行体验时，与讲解员积极互动或是沉浸在手工制作中全情投入，不受外界干扰，进入忘我的状态，整个过程都呈现出强烈的参与感和愉悦感，活动结束仍感觉意犹未尽。这种身心充实、愉快的体验会驱使孩子们反复回到博物馆，突出"快乐"的儿童教育体验是吸引他们、留住他们、引导并培养他们，让儿童观众真正爱上博物馆，逐步养成利用博物馆终身学习的有效手段。通过积极体验的积累，引导、培养儿童形成积极人格，从而更好地发展自我，和谐地融入社会。

---

① 郑奕：《博物馆教育的出发点：创设让人"快乐"的体验》，《中国博物馆》，2017 年第 4 期，第 5 页。

（二）充分发挥博物馆资源优势，挖掘中国文化的驱动力，在中国精神、中国智慧、中国价值中收获积极能量

有研究者认为儿童青少年接触到外部资源和经验越多就越有可能获得积极发展，但是发展资源会因儿童青少年所处的社会情境与文化背景不同，对发展结果产生不同的影响[①]。中国的文化有着极强的凝聚力和感召力，其文化价值更加开放，更易被人接受。积极心理学将人们的品格分为六类，其中智慧、勇气、人道、公正和节制等，正是儒家思想强调了几千年的中国传统美德。积极心理学本身就是一门构建精神和启示心灵的课程，而这正是历史文化的本质功能，博物馆的每件藏品都有丰富的文化内涵，这些文物中承载的中华民族的生存智慧、道德精髓和情感价值，为人们提供了正确的精神指引和强大的精神动力。博物馆在进行儿童教育内容设计时，要突出博物馆资源优势，积极探索传统文化、红色文化内驱力的延伸与丰富，将对文物本身纹饰、材质、造型、功能的关注升华为中国智慧、中国精神、中国价值和中国力量的提取，为儿童积极人格形成提供健康的土壤，为未来儿童的全面健康发展提供精神信仰。

（三）博物馆儿童教育工作的专业化培训

儿童博物馆核心教育理念的传递不仅仅是依靠展览项目的设计，同时也需要场馆工作人员和教育人员能够深刻理解这些教育理

---

① 刘玉娟：《新冠肺炎疫情背景下儿童青少年积极发展的理论探析》，《中国特殊教育》，2021年第2期，第78页。

念，并能将这种理念内化为自己的工作及行为模式①。在教育实践中，积极心理学的应用并不是"你真棒！"这样的简单夸奖，而是需要坚实的多学科知识储备。以积极心理学强调的多元化评价为例：教育员在儿童教育活动中，通常会有一个传统的评价标准，诸如小朋友们是否踊跃回答问题，谁画得像、谁做得好之类的，并根据这个标准鼓励他们，得到表扬的小朋友会更积极投入到活动中，没得到表扬的孩子就一副事不关己的神情。多元评价是建立在多元智能理论基础上的，沉默不代表没有思考，做得不像不代表没有创意，教育员需要在活动中发现不同智能儿童的特点和优点，鼓励他们展示自己的个性，让个体享受成功喜悦，更加自信乐观，从而选择适合自己的学习方式。积极心理学强调心理学只有以积极待人，创造积极精神，提供积极机会，肯定积极的价值，才能使它的服务对象在感受积极的过程中学会创造积极、给予积极，并最终获得一种实实在在的积极力量②。博物馆儿童教育工作需要专业化培训，博物馆儿童教育的核心理念才能真正落实，才能对儿童产生深远的影响。

---

① 张旎：《儿童博物馆核心教育理念》，《自然科学博物馆研究》，2016 年第 4 期，第 60 页。

② 刘传星、张翠翠：《积极心理学对青少年自我概念培养的启示》，《科教导刊》，2011 年 5 月，第 166 页。

案例：博物馆盒子展项

◎案例类型：

　　互动展览

◎活动地点：

　　上海中国航海博物馆

◎活动背景：

　　在2018年中国航海日主题活动——"航海生活节"系列活动中，葫芦岛市博物馆的参展项目。

◎活动意义：

　　"航海生活节"是为积极服务国家"海洋强国"战略和"21世纪海上丝绸之路"倡议，增强公众海洋意识、弘扬航海文化，努力打造的海洋意识教育平台。葫芦岛市博物馆以儿童及家庭作为目标观众，设计了展教合一的"博物馆盒子"作为参展项目。通过展示葫芦岛市博物馆儿童教育工作成果，推广葫芦岛市地域历史文化和海洋文化，提高葫芦岛市的对外影响力，树立滨城新兴海洋城市的形象。

◎形式设计：

　　打造立体的博物馆盒子，由展板区、拍照区、盒子展示区、心愿清单互动区四个部分组成。

◎设计亮点：

　　1.突出展示葫芦岛市地域特色的葫芦文化元素。

　　2.涉海类博物馆的历史文化元素。

　　3.博物馆儿童教育的趣味性和互动性。

◎展示内容：

（一）展教项目——《海丝寻亲记》

本次展教项目是以博物馆盒子——《海丝寻亲记》为主线，讲述一个小冒险家帮助克拉拉寻找妹妹克美美的冒险故事。巧妙地将大航海时代、水下考古、古代航海技术、青花瓷外销的知识融入互动展览中，为观众描绘了一幅生动的古代海上丝绸之路画卷。

小朋友通过回答问题、寻找线索，最终绘制成克拉克瓷盘并找到克美美。绘制完成后与墙板上的克拉克瓷盘——克美美的画像做对比，查看是否绘制正确。还可以与克拉拉、青白先生、黑酱大叔的人形立牌进行合影留念。

（二）教育材料包展示区

将博物馆盒子手工材料包的内容分层展示，展示材料包、指导手册、手工成品。

（三）亲子互动专区

1.动手体验材料包里的课程内容；

2.阅读《海丝寻亲记》指导手册；

3.观众可在互动专区写下自己的心愿单，有机会赢得博物馆盒子。

◎展线设计：

（一）展区入口设计

1.用具有葫芦岛市地方特色的手绘葫芦，以海底生物为题材，将其悬挂在展区入口处做展览的物理分区。

2.入口处左侧墙板上张贴葫芦岛市博物馆展区标识及博物馆简介。左后侧墙板贴有博物馆盒子——《海丝寻亲记》的游戏规则，并配有进行游戏所需的铅笔和宣传单。左侧墙面是以克拉拉致小冒险家的一封信为开头的展板区。

（二）展区板块规划

1.第一板块：立体的博物馆盒子——《海丝寻亲记》

2.第二板块：博物馆盒子展示区和阅读区

3.第三板块：心愿单的填写、粘贴区

（三）展区板块布置

1.第一板块：立体的博物馆盒子——《海丝寻亲记》

①《海丝寻亲记》问题展板12块，围绕左侧展区的内部空间布置展板。

②克拉克瓷盘——克美美画像对照区。

③克拉拉、青白先生、黑酱大叔人形立牌。

2.第二板块：博物馆盒子展示区和阅读区

①分层展示架。

②墙板上张贴克拉拉、青白先生、黑酱大叔的愿望清单。

③阅读区，可供阅读的《海丝寻亲记》指导手册。

3.第三板块：心愿单的填写、粘贴区

①配置桌子、椅子、笔、纸。

②在墙板上设立心愿墙，粘贴心愿单。

◎分工合作：

1.①葫芦岛市博物馆负责方案具体内容设计。

②博物馆盒子展示。

③邮寄博物馆盒子和指导手册。

2.中国航海博物馆负责展陈设计。

①展板及宣传单的订制。

②展位布置。

③展位材料的购置。

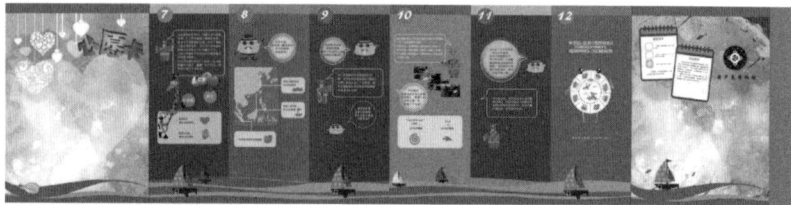

展墙设计图

活动现场

◎解析：

葫芦岛市博物馆应中国航海博物馆邀请，作为重要的涉海类博物馆代表，参加2018年中国航海日主题"航海生活节"活动。本届"航海生活节"以航海与生活为主题，邀请国内港航单位、涉海类博物馆、高校、海洋高新产业机构、海洋环保公益组织等共同参与，多维度、多角度地宣传海洋文化，弘扬当代中国航海精神。

葫芦岛市博物馆受邀参加本次航海生活节，以推介儿童教育服务特色、展示葫芦岛市博物馆形象、推广葫芦岛市地域文化特点、提高葫芦岛市博物馆对外影响力为主，特别设计推出了以"海上丝路"为主题，采用"立体的博物馆盒子——《海丝寻亲记》"为主要内容的互动展示区。本次展教活动，是继博物馆文物走出去后，又一次成功地将博物馆教育工作推送出去，积极开展对外交流，不断追求创新实践，深化博物馆社会化教育功能，活化馆藏功能，践行博物馆公共文化服务教育的实践，同时也为葫芦岛市博物馆教育工作的推进、发展打下了良好的基础。

博物馆盒子是集指导手册与动手做材料包于一体的博物馆儿童教育推广产品。航海生活节期间，我们打造了一个以"海上丝路"为主题教育内容的立体的博物馆盒子，受到上海小朋友和家长的广泛好评。一直以来，葫芦岛市博物馆以不断创新、丰富教育资源、拓展项目类别、满足更多受众群体的博物馆教育需求为己任，致力于博物馆教育职能的深层发挥。秉承教育工作与展览工作相互促进、相互融合的服务理念，立足于本土文化的教育和传播，开展实践创新型教育工作。此次活动，葫芦岛市博物馆以自身教育工作成果为中心推广本土文化，通过举办、参与展览活动和互动式体验教育推广活动等方式，为大众搭建一个深度了解葫芦岛市博物馆的平台，以此提升大众对葫芦岛市地域文化与葫芦岛市博物馆教育工作的认识和了解。

◎策略：

基层博物馆的儿童教育推广工作应立足于本馆特色，与时俱进，向着不同的地区和受众群体不断扩展。需要明确自身教育工作的角色定位，在具体的活动实践中积极归纳、总结和提升，实现博物馆学术性、艺术性、教育性等社会价值，努力深化实践博物馆社会化教育功能。

成熟的儿童教育课程可以升级为立体的博物馆盒子，以展板＋互动＋手工制作的形式，应用于更加广泛的儿童活动空间。立体的博物馆盒子是没有设置儿童专区的博物馆开展儿童教育活动的空间。它可以走进学校，服务校园中的博物馆社团，还可以走进社区、商场、乡村等地，多方位、新方式扩大教育辐射面，让更多的孩子可以享受到博物馆儿童教育的乐趣。

结语

    博物馆作为社会大众的公共文化教育机构，既承载着历史文化的深刻内涵，又体现着鲜明的时代精神。博物馆教育是博物馆这一社会机构的重要职能与责任。近年来，博物馆所蕴含的教育功能愈加凸显。社会、学校、家庭对博物馆教育的关注程度逐渐增加，越来越多的未成年人开始走进博物馆，参加各种不同形式的社教活动。伴随着需求和要求的双增加，博物馆教育从业者们在实践中不断总结、反思与提升，始终在探讨博物馆教育的真正价值与意义，始终在寻找适合自身发展的教育理念和教育方式。

    葫芦岛市博物馆一直将关爱下一代，为少年儿童观众服务作为己任。国家博物馆研究员齐吉祥老师曾呼吁"用真爱接待少儿观众"。"真爱"只有两个字，却包含了从思想意识到言谈举止的丰厚内容，这两个字也打动了我们，成为葫芦岛市博物馆儿童教育工作的航标。在葫芦岛市博物馆新馆建设之初，孙建军馆长就提出了一定要将儿童教育作为新馆开放的一项重要工作，儿童活动中心一定要纳入整体规划中。8年来，经过不懈努力，今天的葫芦岛市博物馆已经建立了一套较为完整的儿童教育体系，开创了"小博乐课堂""博学汇——馆校教育合作""爱上博物馆——研学活动""博物馆盒子——儿童教育推广"等博物馆教育品牌，受到了家庭和学校的热烈追捧，拓展了博物馆的社会教育新功能，释放了博物馆的新活力。可以满足家庭、班级、学校、假期小队各类群体的需要，儿童观众重复参观率达到 50% 以上，许多学生和家长成为博物馆的忠诚朋友。

博物馆儿童教育工作需要很多人力、物力条件，更需要付出巨大的精力和时间，所幸我们的付出收获了孩子们的笑声和对博物馆的热爱，收获了家长们由衷的感谢，取得了良好的社会效益，为葫芦岛市博物馆赢得了口碑。儿童教育工作是双向发展的，为儿童服务的同时也在滋养自我。苏格拉底说：教育不是灌输，而是点燃内心的火焰。谨以此书献给共同热爱博物馆儿童教育工作的各位同仁，并对一起奋斗的同事们致谢。